ASCHENDORFFS SAMMLUNG
LATEINISCHER UND GRIECHISCHER
KLASSIKER

CICERO
DE OFFICIIS

Ausgewählt, eingeleitet
und kommentiert von
GOTTFRIED GRÖHE

Text

VERLAG ASCHENDORFF
MÜNSTER

2. Auflage
(unverändert gegenüber der 1. Auflage 1985)

© 1994 Aschendorffsche Verlagsbuchhandlung GmbH & Co., Münster

Das Werk und seine Teile sind urheberrechtlich geschützt.
Jede Verwertung in anderen als den gesetzlich zugelassenen Fällen bedarf deshalb
der vorherigen schriftlichen Einwilligung des Verlages.

Gesamtherstellung: Druckhaus Aschendorff, Münster, 1994

ISBN 3-402-02041-6

Vorwort

Die vorliegende Neubearbeitung der Ausgabe von Ernst Bernert ist um einige Abschnitte des ersten und dritten Buches gekürzt, um wesentliche Teile des zweiten Buches erweitert worden. Sie berücksichtigt damit Anregungen aus der fachdidaktischen Diskussion und die Lektürevorschläge in den Richtlinien für das Fach Latein in der gymnasialen Oberstufe in Nordrhein-Westfalen, die 1982 in Kraft getreten sind.

Zur Textgestaltung wurden neben der Teubnerausgabe von Atzert (Leipzig ⁵1971) vor allem die Ausgabe von Testard (Paris 1965 und 1970) und die Arbeit ‚Textkritische Untersuchungen zu Ciceros Schrift De officiis' von Thomas (Münster 1971) herangezogen. Einleitung, verbindende Inhaltsangaben und Namenverzeichnis sind neu geschrieben; hinzugekommen ist ein Literaturverzeichnis.

Ciceros Darstellungsweise ist oft von lockeren Assoziationen bestimmt, und gerade in De officiis hält sich der Autor nicht allzu streng an das eigene Dispositionsschema. Dementsprechend soll die Inhaltsübersicht auf verschiedene Möglichkeiten des „Einstiegs" und der thematischen Verknüpfung aufmerksam machen, die sich aus der relativen Selbständigkeit einzelner Abschnitte ergeben.

Neuss, im Dezember 1984　　　　　　　　　Gottfried Gröhe

Inhalt

	Seite
Vorwort	1
Einleitung	10–42
I. Menschenbild und Ethik der Stoa	10–19
II. Philosophie in Rom	19–25
III. Ciceros Leben und Werk	25–34
IV. Die Schrift De officiis	34–42

Buch I

Prooemium (Vorrede): Widmung und Aufforderung zum Studium philosophischer Werke in lateinischer Sprache 1–4	43–44
Einleitung 4–10	44–47
Moralische Pflichten als Gegenstand der Philosophie 4–6	44–45
Begriff und Einteilung der Pflichten 7–10	45–47
Erster Teil: Das moralisch Richtige und die ihm entsprechenden Pflichten 11–161	47–95
Einleitung 11–17	47–49
Die besondere Natur des Menschen 11–14	47–48
Die vier Kardinaltugenden 15–17	48–49
Ausführung 18–161	49–95
1. Die Erkenntnis der Wahrheit 18–19	49–50
2. Gerechtigkeit und Güte 20–60	50–63
Pflichten gegenüber einzelnen und gegenüber der Gemeinschaft 20–23	50–51
Ungerechtigkeit durch Handeln 23–27	51–53
Ungerechtigkeit durch Unterlassen 28–29	53
Situationsgerechtes Handeln 29–32 (Referat)	53–54
Mißbrauch des Rechts 33	54
Gerechtigkeit gegen Feinde 34–36	55–56
Versöhnlichkeit in der Sprache 37	56
Verschiedene Grade der Gegnerschaft 38–41	56–57

Gerechtigkeit gegen Sklaven 41	57
Gewalt, Betrug und Heuchelei 41	57
Rechtverstandene Wohltätigkeit 42–43	57–58
Berücksichtigung der eigenen Möglichkeiten 44	58
Wohltätigkeit nach Verdienst 45	58–59
Nobody is Perfect 46	59
Gegenseitiges Wohlwollen 47–49 (Referat)	59
Wer da hat, dem wird gegeben werden 49	59
Die Gemeinschaft aller Menschen 50–52	60–61
Mitbürger und Blutsverwandte 53–55	61
Freundschaft unter guten Menschen 55–56	61–62
Vergleich sozialer Verpflichtungen 57–58	62–63
Einzelfall und Erfahrung 59–60 (Referat)	63
3. Tapferkeit und Seelengröße 61–92	63–72
Die Wertschätzung der Tapferkeit 61	63
Tapferkeit muß dem Recht dienen 62–63	64
Hochsinn und Ehrgeiz 64–65	64–65
Gesinnung und Leistung 66–67 (Referat)	65
Charakter verpflichtet 68–69	65–66
Entscheidung zwischen res publica und otium 69–73	66–67
Die Tapferkeit des Kriegers und der Mut des Bürgers 74–76	67–68
Das Beispiel Ciceros 77–78	68–69
Mut und Vernunft 79–84	69–70
Pflichten der Staatsmänner 85–87	70–71
Hochherzigkeit in der Bewährung 88–92 (Referat)	71–72
4. Besonnenheit und Anstand 93–151	72–92
Der Begriff des Schicklichen 93–96	72–73
Anstand als humanes Verhalten 97–99 (Referat)	73
Pflichten aufgrund der Beachtung des Geziemenden 100–103	73–74
Spiel und Scherz 103–104	74–75
Lust und Vergnügen 105–106	75–76
Die Verschiedenheit der Charaktere (Rollentheorie) 107–109	76–77

Persönlichkeit und Lebensführung 110–114 . 77–79
Äußere Umstände und persönliche Entscheidung
(Rollentheorie) 115–116 79–80
Die Wahl des Lebensweges in der Jugend
117–118 80
Veranlagung und Beruf – Beständigkeit und
Wechsel der Lebensform 119–121 80–82
Pflichten der Jugend und des Alters 122–123 . 82
Angemessenes Verhalten von Amtspersonen,
Staatsbürgern und Ausländern 124–125 . . 82–83
Natur und Schamgefühl – Kritik der Kyniker
126–129 83–84
Schönheit und Anstand in Erscheinung und
Charakter 130–132 84–85
Schicklichkeit in Rede und Gespräch 132–137   85–87
Wohnung und persönliches Ansehen 138–140   87–88
Grundregeln des Handelns 141 88–89
Takt – Sinn für gute Ordnung und den rechten
Zeitpunkt 142–145 89–90
Das Erkennen und Korrigieren von Fehlern
146–147 (Referat) 90
Achtung vor dem Herkommen 148 90
Pflichten gegenüber einzelnen und allen 149 . 91
Moralisch-ästhetische Wertung verschiedener
Berufe 150–151 91–92
5. Kardinaltugenden im Widerstreit 152–161 . . 92–95
Die Wahl zwischen moralischen Pflichten 152   92
Wissenschaftliche Erkenntnis
und gesellschaftliche Praxis 153–158 . . . 92–94
Konflikt zwischen Anstand und Gemeinsinn 159   95
Rangordnung der Pflichten 160–161 . . .   95

Buch II
Prooemium (Vorrede) 1–8 96–98
  Der Bereich des Nützlichen 1   96

Warum ein Politiker über Philosophie schreibt
2–4 96–97
Wesen und Nutzen der Philosophie 5–6 . . 97–98
Sind Aussagen zur Ethik mit erkenntnis-
theoretischem Skeptizismus vereinbar? 7–8 . 98
Zweiter Teil: Das Nützliche und die ihm
entspringenden Pflichten 9–89 99–123
Die Identität von Sittlichkeit und Nutzen 9–10
(Referat) 99
Die Menschen nützen oder schaden einander
11–16 99–101
Durch virtus gewinnen wir nützliche
Mitmenschen 17 101
Menschliches Handeln bestimmt unser Schicksal
18–20 (Referat) 102
Beweggründe, sich für andere einzusetzen 20–22 102–103
Furcht ist ein ungeeignetes Mittel 23–24 . 103–104
Das Elend der Tyrannen 24–26 104–105
Anfänge der Gewaltherrschaft in der römischen
Republik 26–29 105–106
Der Wert persönlicher Zuneigung 29–31 . 106
Voraussetzungen und Nutzen des Ruhms 31 106–107
Wie man Wohlwollen und Vertrauen gewinnt
32–34 107–108
Ein theoretischer Widerspruch? 35 . . . 108
Überragende virtus erweckt Bewunderung
36–37 108–109
Die Bedeutung der Gerechtigkeit für den
Ruhm 38 109–110
Ohne Gerechtigkeit gibt es keine Gemeinschaft
39–40 110
Der Wunsch nach Gerechtigkeit schuf reges und
leges 41–42 110–111
Wahrer Ruhm setzt Wirklichkeit, nicht Schein
voraus 42–43 111–112

Ciceros Sohn – Beispiel für die Bedeutung von
Herkunft und Leistung 44–45 112–113
Richtiges Verhalten junger Menschen, die nach
Ruhm streben 46–47 113
Die Kunst der Rede als Weg zum Ruhm 48–50 113–114
Forensische Beredsamkeit und Moral 51 . 114–115
Wohltätigkeit und politischer Einfluß 52–71
(Referat) 115–117
Persönlicher Einsatz für Mitbürger und Dienst
am Staat 72 117
Der Schutz des Eigentums als Aufgabe der
Politik 73 117–118
Besteuerung und Existenzsicherung 74 . . 118
Staatsmänner dürfen sich nicht im Amt
bereichern 75–77 118–119
Falsche Sozialpolitik durch Ackergesetze und
Schuldenerlaß 78–80 119–120
Sozialer Friede durch behutsame
Wiedergutmachung 81–84 120–121
Private Verschuldung berührt das
Gemeinwohl 84 122
Die Verantwortung des Staatsmannes für
Rechtsgleichheit und Machtzuwachs 85 . . 122–123
Gesundheit und Besitz; Nützlichkeitsvergleiche
86–88 (Referat) 123
Nützlich oder verbrecherisch? 89 123

Buch III
Prooemium (Vorrede) 1–6 124–126
  Erwünschte Ruhe, erzwungene Muße,
  schöpferische Einsamkeit 1–4 124–125
  Wird das Studium des Sohnes die Erwartungen
  des Vaters erfüllen? 5–6 125–126
Dritter Teil: Der Konflikt zwischen Sittlichkeit und
Nutzen 7–120 126–157

Inhalt

Einleitung 7–39 126–135
  Panaitios hat das bedenkliche Thema nicht
  ausgeführt 7–13 (Referat) 126–127
  Anweisungen zum rechten Handeln für alle
  Menschen 13–16 127
  Vorbildliche Pflichterfüllung unvollkommener
  Menschen 16–18 (Referat) 127–128
  Das Problem des Tyrannenmordes 18–19 . 128
  Eine ethische Formel für Zweifelsfälle 19–20 128–129
  Man darf anderen nicht um eigener Vorteile
  willen schaden 21–23 129–130
  Sozialverhalten im Einklang mit der
  Weltordnung 23–25 130
  Falsches Handeln beruht auf falschem
  Denken 26 130–131
  Der Nutzen des Individuums ist der Nutzen
  der Gemeinschaft 27–28 131
  Der gesellschaftliche Wert des Individuums in
  Grenzfällen 29–32 131–133
  Cicero vollendet das Werk des Panaitios 33–34
  (Referat) 133
  Beweisführung für die Richtigkeit einer ethischen
  Norm 35 133
  Unrecht – aus Irrtum und Zweifel – ist selbst
  schon Strafe 36–37 (Referat) 134
  Unrecht im Verborgenen: Gyges und sein Ring
  37–39 134–135

Ausführung 40–120 135–170
1. Nützlichkeitsdenken im Konflikt mit den Pflichten
   der Klugheit und der Gerechtigkeit 40–96 . 135–152
  Persönliche Ansprüche und ethische Norm
  40–42 135–136
  Freunde oder Verschwörer? 43–46 . . . 136–137

Moral und Staatsräson 46–49 137–139
Die Informationspflicht des Anbieters – ein
Streitgespräch 50–57 139–141
a) Ägyptisches Getreide für Rhodos 50–53   139–140
b) Ein Haus mit gewissen Mängeln 54–56 .   140–141
c) Abschließendes Urteil 56–57   141
Arglist durch Vorspiegelung 58–60 . . . 141–142
Ethik in der Rechtspraxis, in der Philosophie
und im Alltag 61–64 143–144
Rechtsprechung bei unterlassener Information
65–68 (Referat) 144–145
Das positive Recht – ein schwaches Abbild des
Naturrechts 68–70 145–146
Klugheit oder Raffinesse? 71–72   146
Scheinvorteile auf Kosten der Ehrenhaftigkeit
73–82 (Referat) 146–148
Caesars Griff nach der Königsherrschaft
82–85 148–149
Ein römischer Aristides 86–87 149–150
Durch Geldgier schadet der Staat sich selbst
87–88   150
Weitere exempla und Zusammenfassung 89–96
(Referat) 151–152
2. Nützlichkeitsdenken im Konflikt mit den
Pflichten der Tapferkeit 97–115 152–157
Odysseus – Held wider Willen? 97–99 . . 152–153
Regulus – eine politische Märtyrerlegende
99–101 153–154
Philosophische Aufklärung und die Heiligkeit
des Eides 102–110 154–155
Die Tat des Regulus und der Zeitgeist 111 . 155–156
Unverdiente Sohnestreue 112   156
Die moralische Härte des Senats 113–115
(Referat) 156–157

3. Nützlichkeitsdenken im Konflikt mit den
   Pflichten der Schicklichkeit 116–120 (Referat)   157

Schlußwort 157–158

Verzeichnis der Eigennamen 159–184

Literatur 185–194

Einleitung

1. Menschenbild und Ethik der Stoa

Was ist dein zu erlernender Beruf (téchnē)?
Gut zu sein. Wie anders aber ist dies möglich
als aufgrund von Lehrsätzen (theōrḗmata)
über die Natur des Alls und über die besondere
Ausstattung des Menschen?

Marc Aurel, Selbstbetrachtungen XI 5

Die stoische Philosophie, deren Blütezeit fünf Jahrhunderte, deren Wirkungsgeschichte aber mehr als zwei Jahrtausende umfaßt und noch immer nicht abgeschlossen ist, begreifen wir als Modell einer „wissenschaftlich fundierten" Weltanschauung, einer „Großtheorie" (Sloterdijk, Kritik der zynischen Vernunft), als den eindrucksvollen Versuch einer Lebensbewältigung durch Welterklärung. Stolz waren die Stoiker auf die „Logik" ihres Systems, in dem Naturerkenntnis und Psychologie, Sozialethik und Rechtsphilosophie, Ästhetik und Sprachbetrachtung unlösbar ineinander verschränkt waren: im geordneten Sein (Kosmos), im ordnenden Denken der menschlichen Vernunft und im geordneten Reden und Handeln wirkte der eine Logos. Die um 300 v. Chr. in Athen von Zenon aus dem zyprischen Kition gegründete Schule, deren Anhänger sich – bei mancherlei Abweichungen von der „Orthodoxie" des Stifters und seiner Nachfolger Kleanthes und Chrysippos – immer zu dem Satz bekannten, daß allein das Sittlichschöne ein Gut sei (mónon tò kalòn agathón), darf keineswegs nur aus ihrem Gegensatz zur Lehre Epikurs, als eine Art Kontrastprogramm sozusagen, verstanden werden. Beide, Stoiker wie Epikureer, sahen im erfüllten Leben (eudaimonía) das Ziel (télos) des Philosophierens; und wenn jenen auch die Tugendhaftigkeit (aretḗ) allein dazu genügte, während sich diese vom – allen Lebewesen gemeinsamen – Streben nach Lust (hēdonḗ) motiviert wußten, so war doch auch für den epikureischen Weisen die Sittlichkeit unentbehrlich – als Voraussetzung der Lust. Die entscheidenden Anstöße empfing die Stoa aus der philosophischen Tradition. Heraklit hatte als erster den Logos als Weltgesetz und als Norm menschlichen Handelns bestimmt und den Kosmos als ewig lebendes Feuer bezeichnet – eine Vorstellung, die für die stoische Kosmologie wichtig werden sollte. Den von der sophistischen Aufklärung thematisierten Gegensatz zwischen Natur (phýsis) und dem als bloße Menschensatzung (thésis) zu entlarvenden Gesetz (nómos), der das Recht des Stärkeren auf Emanzipation von der Herrschaft der vielen Schwachen begründen sollte, überwanden die Stoiker in ihrer Lehre von der Natur als Quelle des Rechts. Von der wissenschaftlichen Medizin übernahmen sie die Gleichsetzung des für den Menschen Zuträglichen (symphéron), Nützlichen als des Lebensfördernden und darum Naturgemäßen mit dem – auch sittlich – Guten. Bei Platon fanden sie den Gedanken, daß der Logos zugleich der Weltbaumeister (dēmiūrgós) und die Vorsehung (prónoia) sei, sowie die Vorstellung vom Schönen als der Erscheinungsform des Guten. Im Peripatos, der Schule des Aristoteles, wurde die Lehre von der Göttlichkeit des Kosmos vorbereitet: sein Streben nach dem göttlichen Geist (nûs), dem ersten Beweger, setzt seine eigene Beseeltheit voraus, die schließlich einen „Gott, der nur von außen stieße" als überflüssig erscheinen ließ. So gelangt die Stoa zu einem konsequenten Monismus: passive Materie (hýlē) und aktiver Logos lassen sich begrifflich unterscheiden, ohne unabhängig voneinander zu existieren – zwei „Seiten" derselben Wirklichkeit. In Analogie hierzu ist der Mensch als Logosträger zum Tätigsein verpflichtet; ein epikureisches „Leben im Verborgenen" wäre nicht naturgemäß. Im Universum, der Kosmopolis, die er gemeinsam mit allen Menschen und den Göttern bewohnt, in denen er dankbar die Vielfalt des göttlichen Waltens verehrt, fühlt er sich geborgen, nachdem seine heimatliche Polis in der hellenistischen Staatenwelt ihm nicht mehr Halt und Lebensinhalt bieten kann. Die philosophische Ahnengalerie der Stoiker bliebe unvollständig, erwähnten wir nicht den Mann, der nach Ciceros bekanntem Wort (Tusc. V 11) die Philosophie vom Himmel auf die Erde herunterrief („anthropozentrische Wende"), sie zu Untersuchungen de vita et moribus nötigte und dessen Erbe die Stoiker bewußt antraten: Sokrates. In Xenophons „Erinnerungen an Sokrates", von denen die Biographie Zenons berichtet, sie oder andere „Sokratische Schriften" hätten den späteren Gründer der Stoa für die Philosophie gewonnen, findet sich der einzige positive Lehrsatz, der von Sokrates überliefert wird: Gerechtigkeit und die gesamte übrige Tugend sei Einsicht (sophía) (III 9.5). Der sokratischen These vom Tugendwissen, aus der die Erklärung des sittlichen Fehlverhaltens (hamártēma) als Unwissenheit und die Lehre von der Einheit (Antakoluthie) der „einander begleitenden" Tugenden abgeleitet werden konnten, gaben die Stoiker nachträglich eine psychologische Begründung. Sokratesworte wie „Niemand begeht absichtlich ein Unrecht" oder „Für einen guten Mann gibt es weder im Leben noch im Tode ein Übel" machen verständlich, warum sich die Stoiker als Erneuerer der Sokratik empfanden.

Nach stoischer Auffassung entspricht der Kosmos einem lebendigen Organismus: die menschliche Vernunftseele setzt eine beseelte Allnatur voraus. Deren „Leitungsorgan" (hēgemonikón oder kyrieûon), der Logos, durchströmt die Welt als Pneuma (ein Gemisch aus den „aktiven" Elementen Luft und Feuer) oder als schöpferisches

Feuer (pýr technikón), es hat seinen Sitz im Ätherhimmel, der den Kosmos umgreift und zusammenhält, oder in der Sonne; es wird auch lebenspendender (spermatikós) Logos oder Allvernunft (diánoia tû hólu), Gott, Zeus und Schicksal genannt. In zyklischen Weltbränden (ekpyrōseis) bereitet sich jeweils eine Wiedergeburt (palingenesía) des Kosmos vor.

Während Platon drei Seelenteile (Vernunft, Mut, Begehren) unterscheidet, sind für den Stoiker die von einer Sinneswahrnehmung (aísthēsis) hervorgerufene Vorstellung (phantasía), die einen Eindruck (týpōsis) im Seelenpneuma hinterläßt, die Erkenntnis (katálēpsis) und die zu ihr führende Zustimmung (synkatáthesis) zu einer Vorstellung, aber auch die Triebe oder Handlungsimpulse (hormaí) Leistungen oder Zustände des einen Hegemonikon. Im Herzen lokalisiert, wird es auch als Geist (nûs), Vernunftseele (logikḕ psychḗ), lenkende Vernunft (kybernôsa diánoia), Führer (prostátēs), daímōn oder als der Gott in uns bezeichnet. Das gesunde Hegemonikon, die aufrechte Vernunft (orthòs lógos, recta ratio) trifft rationale Entscheidungen; Fehlverhalten entspringt falschen Meinungen (dóxai) des geschwächten Hegemonikon. Die Affekte (páthē) – Lust und Kummer auf die Gegenwart, Begierde und Furcht auf die Zukunft bezogen – erklärt Zenon als übersteigerte Impulse, Chrysippos als falsche Urteile (kríseis) des kranken Hegemonikon. Die den stoischen Weisen auszeichnende Leidenschaftslosigkeit oder Gelassenheit (apátheia), die ihn zum Handeln befreit, darf nicht mit Gefühlskälte verwechselt werden: sie erlaubt ihm vernünftige Emotionen, z. B. die Freude (euphrosýnē) darüber, spezifisch Menschliches zu tun, und schenkt ihm Gemütsruhe (euthymía) und Behagen (eupátheia).

Das Ideal des stoischen Weisen, den das Tugendwissen dazu befähigt, das Lebensziel, das Heil (sōtēría) oder höchste Gut (summum bonum, finis bonorum) – ein

Leben in ständigem Einklang (homología) mit sich selbst und mit der Natur – zu erreichen, war schon im Altertum umstritten; und kein führender Stoiker hat von sich behauptet, dieser Vorstellung zu entsprechen. Sie hängt eng mit der stoischen Güterlehre und dem von Cicero als „Sondergut" der Stoa übernommenen philosophischen Pflichtbegriff zusammen.

Einziges Gut und einziges um seiner selbst willen Erstrebenswertes ist die in gerechtem, klugem, tapferem und maßvollem Handeln verwirklichte sittliche Tauglichkeit (areté, virtus), alleiniges Übel ihr Gegenteil, die Schlechtigkeit. Alles, was nicht völlig in unserer Macht steht, fällt in den Bereich der sittlich gleichgültigen Dinge (adiáphora). Die Adiaphora trennt der Stoiker in naturgemäße und darum relativ wertvolle, bevorzugte Dinge (proēgména), wie z. B. Schönheit, Intelligenz und Freundschaft, die auch vom Weisen zwar nicht erstrebt, aber (mit)genommen werden sollen, und naturwidrige, unerwünschte (apoproēgména), fernzuhaltende Dinge (Armut, Krankheit, Abhängigkeit). Im Umgang mit den Adiaphora bewährt sich die Weisheit, und das höchste Gut kann sogar als Wahl (eklogé) der naturgemäßen Dinge definiert werden. Als Kunst (téchnē) entspricht die Tugend nicht den herstellenden, sondern den darstellenden Künsten: wie beim Tanz oder Schauspiel liegt ihre Leistung im Vollzug selbst, nicht in einem Ergebnis. Was der virtus entspringt, soll nicht nach dem Gelingen (recta perfectio), sondern der Inangriffnahme (prima susceptio) beurteilt werden (Cicero, De fin. III 32). Die Tüchtigkeit eines Schützen, der den Bogen richtig spannt und genau zielt, wird auch durch das Verfehlen des Ziels – etwa durch plötzlich aufkommenden Wind – nicht eingeschränkt: sie erweist sich im Handeln (práttein, prâxis) selbst, nicht im Erfolg des Treffens (tycheîn).

Alle unvollkommenen Menschen sind strenggenommen Unweise, Toren; selbst Sokrates und die Kyniker Antisthenes und Diogenes waren nur prokóptontes: Männer, die auf dem Wege zur Tugend (nicht: in der Tugend) einen Fortschritt (prokopḗ) erzielt haben; und gerade der prokóptōn ist sich der Kluft zwischen Weisheit und Torheit bewußt. Ihr gegenüber werden alle anderen Unterschiede unwesentlich: die Weisheit ist dieselbe für Männer und Frauen, Freie und Sklaven, Hellenen und „Barbaren". Die Seelen aller Menschen sind „losgerissene Stücke" (apospásmata) des Weltlogos; aber während die der Toren unmittelbar nach der Trennung vom Körper in ihn zurückkehren, bleiben die kräftigeren, rein rationalen Seelen der Weisen – so lehrt Chrysippos – zunächst bestehen, um erst bei der nächsten Ekpyrosis in der Allvernunft aufzugehen.

Einem hohen, praktisch unerreichbaren Ideal nachstrebend, erschienen die Stoiker in ihrem sittlichen Ernst – man denke an Ciceros Freund, den jüngeren Cato – oft herb und streng gegen sich und andere. Marc Aurel, der selbstkritische und einfühlsame „Philosoph auf dem Kaiserthrone", äußert Verständnis dafür, daß die Umgebung eines solchen tüchtigen und nachdenklichen Mannes, den sie als Schulmeister (paidagogós) empfand, nach seinem Tode aufatmen mag.

Die wichtigsten Lehrsätze der Stoa wurden, weil sie der Erfahrung zu widersprechen schienen, Paradoxa genannt: daß nur das Sittliche ein Gut sei, daß die Tugend zur Glückseligkeit ausreiche, daß allein der Weise frei und reich und jeder Unweise geistig krank sei. Besonders berühmt-berüchtigt ist das Paradoxon, alle vollkommenen Handlungen (katorthṓmata) seien gleich, und alle Verfehlungen (hamartḗmata) seien gleich. Entscheidend war für den Stoiker nicht der (graduelle) Unterschied zwischen mehr und weniger krumm, sondern der (generelle) Unterschied zwischen krumm und gerade, abwesend und anwesend, pünktlich und unpünktlich, rational und irrational. Doch schon Zenon erkannte, daß es neben dem Katorthoma, der ethischen Norm für den Weisen, ein dem Durchschnittsmenschen zukommendes, für ihn verbindliches, naturgemäßes und situationsgerechtes Handeln geben müsse. Er nannte es kathêkon (officium, Pflicht); es wurde aber auch als méson kathêkon (medium officium) vom téleion kathêkon (perfectum officium), dem Katorthoma, unterschieden, weil es sich auf die zwischen tugendhaften Handlungen und Verfehlungen liegenden „mittleren Handlungen" (mésai práxeis) bezieht. Kathekonta können sich inhaltlich mit Katorthomata decken, sind aber, da sie nicht aus Weisheit hervorgehen, ihrer Motivation nach nicht eigentlich sittlich; ihr Bereich sind die Adiaphora, innerhalb deren sie die Gewinnung von Naturgemäßem, die Vermeidung von Naturwidrigem zum Ziel haben.

Daß der Mensch von Natur zu sittlichem Handeln, zum Streben nach Vollkommenheit veranlagt sei, bewies dem Stoiker die Lehre von der Oikeiosis. Allen Lebewesen gemeinsam ist eine „primäre Selbstliebe": sie nehmen sich bald nach ihrer Geburt zustimmend wahr und versuchen sich anzueignen, was ihnen zuträglich und zugehörig ist. Auch die Sorge um die dem Zeugungstriebe verdankten Nachkommen, die Brutpflege, gehört noch zur animalischen Natur des Menschen; die menschliche Elternliebe aber ist Ausgangspunkt der Hinwendung zu allen Menschen. Soziales Verhalten bedeutet also eine Ausweitung der Selbstbejahung, der Anfreundung (oikeíōsis) des Menschen mit sich und seinen nächsten Angehörigen. Sobald sich im Heranwachsenden die dem Menschen eigentümliche Vernunft entfaltet, in der allen Menschen gemeinsame Vorstellungen (koinaí énnoiai), eingewurzelte (nicht angeborene) Begriffe (émphytoi prolépseis: Vorgriffe auf späteres Wissen) keimhaft angelegt sind, wendet er sich ihr zu, um mit ihr vertraut zu werden (oikeiûsthai). Er erkennt das sittlich Gute als das ihm als Menschen Zugehörige und Zuträgliche. Sittlichkeit ist demnach die spezifisch menschliche Ausformung vormoralischer, animalischer Triebe (hormaí); sittliches Bewußtsein wurzelt in der natürlichen Ausstattung des Menschen.

Zenon von Kition, der Schöpfer der stoischen Philosophie, war über seinen Lehrer, den Kyniker Krates, ein „Enkelschüler" des berühmten Diogenes aus Sinope, dessen Lehrer Antisthenes, der Begründer des Kynismus, zu den Freunden des Sokrates gehört hatte. Aus der gemeinsamen Herkunft ergaben sich zahlreiche Ähnlichkeiten. Das Ziel auch der kynischen Weisen ist ein naturgemäßes Leben unter der alleinigen Herrschaft der Vernunft, die ihm sagt, was für ihn gut und nützlich sei. Aber anders als der Stoiker stellt er seine Tugendautarkie in äußerster Bedürfnislosigkeit drastisch zur Schau; Naturphilosophie und Dialektik sind ihm gleichgültig, und die Ethik verhilft ihm zur Befreiung von allen äußeren Bindungen. Ehe, Familie und Staat sind für ihn bloße Konventionen; und er scheut sich nicht, die Gefühle seiner Mitmenschen zu verletzen, um sie als Vorurteile zu entlarven. Als Kosmopoliten bezeichnet er sich nur, weil ihm die eigene Polis nichts bedeutet.

Für den Stoiker dagegen ist der Mensch als Vernunftwesen (zôon logikón) zur Gemeinschaft bestimmt: ein zôon koinōnikón, aber auch politikón. Unbelebtes, Pflanzen und Tiere sind um der Menschen willen, diese aber sind füreinander geschaffen und miteinander verwandt. Was der Gemeinschaft nützt, nützt auch dem einzelnen; und darum bejaht der Stoiker seine staatsbürgerlichen Pflichten. Das Recht, die Grundlage des Staates, läßt sich weder mit den Sophisten als reine Menschensatzung, noch mit Epikur als Ausgleich egoistischer Interessen deuten. Iuris natura fons (Cicero, De off. III 72). Das

Naturgesetz, die lex vera, die ratio recta summi Iovis, ist Ursprung und Norm der Gerechtigkeit. An den ungeschriebenen Gesetzen, deren Übertretung die Götter nicht dulden (Sokrates bei Xenophon, Mem. IV 4), hat sich das geschriebene Recht auszurichten. Da allen Menschen ratio gegeben ist, das Gesetz aber die recta ratio in iubendo et vetando darstellt, sind Gesetz und Recht (wenn auch durch schlechte Gewohnheit verdunkelt) für alle gleich (Cic., De legibus I 33).

Die stoische Naturrechtslehre, die Verankerung des Rechts in der vernünftigen Seinsordnung und im natürlichen Rechtsbewußtsein der Menschen, entfaltete eine weitreichende historische Wirkung. Über den Philosophen Panaitios gewann sie Einfluß auf das römische Zivilrecht, dessen Aufzeichnung und Fortentwicklung auch formal durch die stoische Kunst der Definition gefördert wurde. Durch Cicero, unseren wichtigsten Gewährsmann für antikes Naturrecht überhaupt, wurde sie zur Rechtsphilosophie des Imperium Romanum. ‚Iuris praecepta sunt haec: honeste vivere, alterum non laedere, suum cuique tribuere' heißt es in der Einleitung zum Corpus Iuris des Kaisers Iustinian. Wenn darin die iuris prudentia (phrónēsis, sophía) als divinarum atque humanarum rerum notitia (epistḗmē) definiert wird, so ist dies die sokratisch-stoische Definition der Weisheit (Cic., De off. I 153, II 5). Als Völkerrecht (ius gentium) wird bezeichnet, was, von der naturalis ratio unter allen Menschen begründet, bei allen Völkern befolgt wird; es ist Inbegriff der von der divina providentia, der Vorsehung (prónoia) der Stoiker, festgesetzten, unveränderlichen iura naturalia. Die Naturrechtslehre konnte von der christlichen Theologie übernommen, von der Philosophie der Aufklärung erneut aufgegriffen werden. Aus der göttlichen Naturordnung leitet die amerikanische Unabhängigkeitserklärung von 1776 die Rechte der Menschen und

Völker ab. Die für den modernen Verfassungsstaat wesentliche Idee der Menschenwürde – nach deren Grund und Begründbarkeit zu fragen für den Staatsrechtler M. Kriele „unsere politische Schicksalsfrage schlechthin" ist[1] – hat ihren Ursprung in der stoischen Lehre vom einzigartigen Rang des vernunftbegabten, zu sittlichem Verhalten befähigten Menschen. „Hier doch und von hier aus trat zuerst das Pathos der menschlichen Würde auf, in seiner spezifisch naturrechtlichen Gestalt; großer Dank gebührt so der Stoa, der Wiege" (E. Bloch).

2. Philosophie in Rom

Die maßgeblichen Denker, Forscher und Künstler des europäischen Altertums waren Griechen: in der ‚Schule von Athen' versammelt Raffael die großen Männer der weltlichen, also antiken Weisheit und Wissenschaft, und ausschließlich griechische Persönlichkeiten zeigt das provinzialrömische ‚Philosophenmosaik' in Köln. Die wichtigste schöpferische Leistung des römischen Volkes lag in der Organisation eines auf eine humane Rechtsordnung gegründeten freien Gemeinwesens. Gering waren Begabung und Neigung zu spekulativem Denken und dem freien Spiel der Phantasie. Eine besonders altertümliche, mit krassem Aberglauben verbundene Religion vertrug sich mit nüchtern-zielstrebigem Handeln in Politik und Wirtschaft; der richtungweisende mos maiorum erübrigte alles Theoretisieren.

Schon in früher Zeit begann die Hellenisierung Roms, eine „umgestaltende Anverwandlung" (W. Schmid) der reicheren griechischen Kultur. Ihr begegnete man bei den etruskischen Nachbarn, in der Magna Graecia Unteritaliens und schließlich in Hellas selbst. Analog zur Einbeziehung der griechischsprachigen Länder in den Herrschafts-

---

[1] Befreiung und politische Aufklärung, Freiburg/Basel/Wien 1980, 47

bereich des populus Romanus vollzog sich die bewußte Rezeption der griechischen Bildung (paideía), die schrittweise Eroberung der literarischen Ausdrucksformen und Themen. In unbefangener imitatio oder selbstbewußter aemulatio bekannten sich die römischen Autoren zu ihren Vorbildern; ihre Originalität bestand in der Ausweitung der Leistungsfähigkeit der lateinischen Sprache.

Weisheitslehren enthielt ein Gedicht des zweimaligen Konsuls Appius Claudius Caecus (um 300 v. Chr.), das Cicero (Tusc. IV 4) mit der von Süditalien ausstrahlenden Philosophie der Pythagoreer in Verbindung bringt. Mit philosophischen Fragen beschäftigte sich auch Ennius (239–169 v. Chr.), der größte archaische (vorklassische) Dichter Roms: er übersetzte Sinnsprüche des sizilianischen Lustspieldichters Epicharmos und den – religionskritisch verstandenen – Reiseroman des Griechen Euhemeros, in dem die Vergöttlichung segensreich wirkender Herrscher erzählt wird. Furcht vor den zersetzenden Einflüssen philosophischer Aufklärung führte 181 zur öffentlichen Verbrennung pythagoreischer Schriften, 173 (oder 154) zur Ausweisung der Epikureer Alkios und Philiskos und 161 zur Vertreibung aller griechischen Philosophen und Rhetoren: die Kunst der Rede weckte das altrömische Mißtrauen gegen Demagogie und sittlichen Relativismus. Zum epochalen Ereignis wurde das Auftreten der berühmten athenischen „Philosophengesandtschaft" in Rom. Im Jahre 156/55 schickte der Achäische Bund den Akademiker Karneades, den Stoiker Diogenes und den Peripatetiker Kritolaos als Unterhändler zum Senat. Am Rande der langwierigen Verhandlungen hielten die Gesandten Vorträge, die besonders bei der Jugend ein lebhaftes Echo fanden. Als der brillante Skeptiker Karneades einmal für, tags darauf ebenso überzeugend gegen die Gerechtigkeit gesprochen hatte, sorgte der ältere Cato für die baldige Verabschiedung der Gesandtschaft. Trotzdem konnten die Hauptströmungen der hellenistischen Philosophie nunmehr in Rom Fuß fassen: der stoischen Dialektik, der Kunst der Beweisführung, galt das Interesse der Juristen, die Redner schätzten bei der Neuen Akademie den Grundsatz des pro et contra dicere, und apolitische Individualisten mochten sich von der staatsfernen Lebenskunst der Jünger Epikurs angezogen fühlen. Die Gegenposition zur altrömischen Sittenstrenge und Fremdenfeindlichkeit des homo novus Cato verkörperte der Aristokrat Scipio Aemilianus, Mittelpunkt eines Kreises von Politikern, Dichtern und Gelehrten. Als er die Eroberung Karthagos einleitete, die ihm den Ehrennamen Africanus (Minor) eintrug, begleitete ihn sein früherer Erzieher und langjähriger Freund, der Historiker Polybios. Er schilderte Scipio als einen Mann, der sich selbst zu einer einheitlichen Persönlichkeit (homologúmenos kaì sýmphōnos) geformt hatte. Zu Scipios Lektüre gehörten Xenophons sokratische Schriften und seine Kyrupädie, das Bild des idealen Staatsmannes. Die Reformen der Gracchen lehnte er aus Überzeugung ab. Mitglieder des „Scipionenkreises", dem Cicero in seinem Dialog De re publica ein verklärendes Denkmal setzt, waren u. a. Scipios Neffe, der Jurist Tubero, Terenz, der die Menschlichkeit der attischen Neuen Komödie auf die römische Bühne verpflanzte, Roms ‚erster Stoiker' Laelius, der bei Diogenes gehört hatte, und sein früherer Mitschüler Panaitios, der bedeutendste Philosoph des 2. Jahrhunderts.

Panaitios (um 180 – nach 99) stammte aus einer der führenden Familien der Inselrepublik Rhodos. In Athen, wo er seit 168 wohnte, schloß er sich der Stoa an, deren Lehren er tiefgreifend umgestaltete; der Ausdruck ‚mittlere Stoa' wurde in der Antike nicht gebraucht. Er lebte eine Zeitlang im Hause des Scipio, für den er gemeinsam mit Polybios eine Erkundungsfahrt längs der Nordwestküste Afrikas unternahm. Von 141 bis 139 begleitete er Scipio, der 142 Zensor und damit die höchste moralische Autorität in Rom geworden war, auf einer Gesandtschaftsreise nach Syrien und Ägypten. Die Begegnung mit dem römischen Staat, in dem er die Mischverfassung, die stabilste und darum beste Staatsform, verwirklicht fand, und seinen führenden Persönlichkeiten veränderte sein Denken. Die Hereinnahme römischer gesellschaftlicher Praxis in die stoische Theorie erleichterte es dieser wiederum, in Rom wirksam zu werden. Von 129 an leitete Panaitios fast zwanzig Jahre lang die Stoa in Athen; hier schrieb er auch sein Hauptwerk ‚Über das angemessene Handeln (kathêkon)‘, die verlorengegangene Vorlage zu Ciceros Schrift De officiis.

Seinem Wesen nach milde und um Ausgleich bemüht, vermied er die finstere Strenge (tristitia atque acerbitas) vieler Stoiker ebenso wie dialektische Spitzfindigkeiten (spinae disserendi). Er bewunderte Platon, den er den ‚Homer der Philosophen‘ nannte, verwarf aber die Lehre von der Unsterblichkeit der Seele wie auch die stoische Theorie von den Weltbränden und die Astrologie. Seine Unterscheidung zwischen den mythischen Göttern der Dichter, dem politisch notwendigen Staatskult und dem schwer vermittelbaren philosophischen Gottesbegriff übernahmen der pontifex maximus P. Mucius Scaevola und Ciceros Freund, der Altertumsforscher Varro: so ließen sich Religion und aufgeklärtes Denken miteinander vereinbaren. Die Seele besitzt nach Panaitios zwei Vermögen (dynámeis): Vernunft und Triebe, Handlungsimpulse. Aus den ersten Naturtrieben (tà prôta katà phýsin) des Menschen erwächst das Verlangen nach Wahrheit, Gerechtigkeit, Selbstbehauptung und Ordnung. Zur vollen Glückseligkeit gehören nach der – sittlich allein wesentlichen – Tugend auch ein gesicherter Lebensunterhalt (chorēgía), Gesundheit und Kraft oder Ansehen (is-chýs).

Als Ziel bezeichnet Panaitios ein Leben nach den uns von der Natur gegebenen Mitteln, unserem ‚Startkapital' (aphormaí). In der menschlichen Person vereinigen sich vier ‚Rollen': wir sind ‚Darsteller' der allgemein-menschlichen Natur, unseres individuellen Charakters, einer schicksalhaften Lebenslage und einer frei gewählten Tätigkeit. Panaitios befaßt sich nicht mit den vollkommenen Handlungen des Weisen, sondern mit dem richtigen Verhalten des vir praestans (archikòs anér), des gebildeten und dem Gemeinwohl dienenden Staatsmannes. An dem Satz, daß allein das moralisch Richtige ein Gut sei, hält er unbeirrt fest. Die Gleichsetzung von Sittlichkeit und Nutzen (‚Konvergenztheorie') darf deshalb nicht im Sinne eines ‚utilitaristischen' Zweckdenkens mißverstanden werden (Cic., De off. III 12). Im Zentrum der panaitianischen humanitas steht der Begriff des Geziemenden (prépon, decorum), des natürlichen Anstands, in dem das Sittlichschöne sichtbar wird und gesellschaftliche Billigung (approbatio) erfährt. Auch Umgangsformen sind keineswegs moralisch wertfrei, sondern ein Teil des Kathekon, des rechten Handelns; und die kynische, zynische Verletzung des Schamgefühls, das durch die sinnvolle Anordnung der menschlichen Organe (die eingeschränkte Wahrnehmung ‚unästhetischer' Körperfunktionen) als ‚natürlich' erwiesen wird, widerspricht dem Wesen des Menschen. Als ungerecht empfinden wir die ethisch-ästhetische Verurteilung ‚unedler' Berufe durch Panaitios-Cicero (De off. I 150f.); sie steht in der Tradition einer Abwertung ‚banausischer' Tätigkeiten durch Xenophon, Platon und Aristoteles. Panaitios wollte „seine Studenten zu Gentlemen erziehen" (Wilamowitz); ob sich seine Schrift an die Jugend der griechischen oder der römischen Oberschicht wandte, ist umstritten; die Verwendung römischer exempla bietet kein sicheres Indiz.

Auch im 1. Jahrhundert wurden griechische Philosophen von bildungsbeflissenen Römern als Reisebegleiter und Berater, Seelsorger und Lehrer geschätzt. Die Philosophie wurde Teil der rhetorischen Ausbildung des angehenden Sachwalters und Politikers; sie leitete zu einer zielstrebigen Lebensführung an und versprach Trost in persönlichem Unglück. Hohes Ansehen genoß der stoische Philosoph und Universalgelehrte Poseidonios (um 135–51/50); Pompeius und Cicero besuchten ihn auf Rhodos. Während die ethischen praecepta seines Lehrers Panaitios aus der natürlichen Veranlagung des Individuums und seinen Leistungen für die Gemeinschaft abgeleitet sind, bezieht Poseidonios die ethische Norm auf das kosmische Prinzip der Sympatheia, der Wechselwirkung zwischen dem All und seinen organisch miteinander verbundenen Gliedern. Sein Einfluß auf das Denken Ciceros und der kaiserzeitlichen Stoiker war groß. Als Befreierin von Götter- und Todesfurcht verherrlichte Lucretius Carus (um 97–55 v. Chr.) in dem Lehrgedicht De rerum natura die atomistische Naturphilosophie Epikurs. Cicero, der fruchtbarste philosophische Autor der Zeit, vermittelte den Römern als „kompetenter Fachmann" (G. Patzig) die Lehrmeinungen der hellenistischen Schulen vom Standpunkt der skeptischen Neuen Akademie, der es ihm erlaubte, in Fragen der Ethik, Politik und Theologie auch Ansichten der Stoiker und Peripatetiker zu übernehmen. Staatsmann wie Cicero war Lucius Annaeus Seneca (4 v. Chr. – 65 n. Chr.), Tragödiendichter und der bedeutendste Stoiker der Kaiserzeit. Die ethischen Lehrschriften (Dialogi) und Briefe an Lucilius werben für die Philosophie als dux vitae in der fein beobachteten großstädtischen Zivilisation; die Aufforderung zur Nächstenliebe und die religiöse Hinwendung zum Gott in uns und um uns rücken Seneca in die Nähe des Christentums. Als i. J. 94 Kaiser Domitian alle Philosophen wegen ‚Staatsgefährdung' aus Rom vertreiben ließ, siedelte der Stoiker Epiktetos (um 50 – um

130), ehemaliger Sklave eines Freigelassenen Neros, nach Nikopolis in Epirus über. Sein Lieblingsschüler, der spätere Konsul Flavius Arrianus, zeichnete seine ethischen Lehrvorträge (Diatribai) auf und faßte die Hauptpunkte in dem vielgelesenen ‚Handbüchlein' (Encheirídion) zusammen. Die Lektüre Epiktets regte den Kaiser Marc Aurel (121–180) zur Niederschrift seiner meditativen ‚Selbstbetrachtungen' (Eis Heautón) an. Er betont die Unabhängigkeit der vernünftigen Seele, die sich nach ihrem Willen formt und ihr Ziel erreicht, wann immer der Tod an sie herantritt (XI 1). Der Resignation angesichts der Vergänglichkeit aller menschlichen Leistungen setzt er sein Pflichtgefühl entgegen: ‚Ich tue mein Kathekon, das übrige beschäftigt mich nicht' (VI 22). Als selbständiger Denker überragte der Kirchenlehrer Aurelius Augustinus (354–430) wohl alle römischen Philosophen. Er stellte die Sprache Ciceros in den Dienst eines Offenbarungsglaubens und einer Geschichtstheologie, für die es in der griechisch-römischen Antike keine Vorbilder gab. Am Ausgang des westeuropäischen Altertums steht Boëthius (480–524), christlicher Kommentator und Übersetzer von Schriften des Aristoteles. Von Theoderich dem Großen als mutmaßlicher Verräter zum Tode verurteilt, schrieb er die Trostschrift De consolatione philosophiae. Darin erscheint ihm die Philosophie als Therapeutin, um ihn durch ihre Argumente mit der göttlichen Vorsehung zu versöhnen.

3. Ciceros Leben und Werk

Über keine Persönlichkeit des Altertums sind wir auch nur annähernd so gut unterrichtet wie über Cicero. Mehr als 800 Briefe, 90 davon an ihn gerichtet, die anderen von ihm verfaßt, sind in vier Sammlungen (ad familiares, ad

Quintum fratrem, ad Atticum, ad Brutum) der Nachwelt überliefert. Sie geben Aufschluß über die Gedanken und Stimmungen dieses hochsensiblen, vielseitig gebildeten und ungewöhnlich ausdrucksfähigen Mannes, über seine Beziehungen zu anderen Menschen und über die Krise, in die die res publica gerade zu der Zeit geriet, da er zu den Hauptakteuren auf der politischen Bühne gehörte.

Marcus Tullius Cicero wurde am 3. 1. 106 v. Chr. in der Nähe von Arpinum, einer etwa 100 km südöstlich Roms in den Volskerbergen gelegenen Kleinstadt, geboren. Der Vater stammte aus einer alteingesessenen Familie; wegen seiner schwachen Gesundheit verbrachte er sein Leben vorwiegend mit Büchern in dem Gutshaus, das er zu stattlicher Größe hatte erweitern lassen. Als eques Romanus rechnete er zur wohlhabenden ‚oberen Mittelschicht‘, deren Söhne durch Tatkraft und Begabung in die Nobilität, den Amtsadel, aufsteigen konnten; als nobiles im engeren Sinne galten die Angehörigen konsularischer Familien. Der berühmte arpinatische Landsmann Marius hatte mit Hilfe seines Feldherrntalents das Konsulat erlangt, sich als ‚Neuling‘ (novus homo) den Eintritt in die Senatsaristokratie buchstäblich erkämpft. Dem jungen Cicero war ein anderer Weg vorgezeichnet. Erste dichterische Versuche fallen in die Zeit vor dem Empfang der toga virilis (90); im gleichen Jahr übertrug er ein astronomisches Lehrgedicht des Stoikers Aratos. Hochbegabt und lernwillig, wollte er sich durch eine gründliche rhetorische und juristische Ausbildung auf den cursus honorum, die Ämterlaufbahn, vorbereiten. Es traf sich gut, daß der Vater nicht nur ein Haus in Rom besaß, sondern auch dafür sorgen konnte, daß sich die damals bedeutendsten Redner, M. Antonius Rufus und L. Licinius Crassus, die der junge Cicero so oft wie möglich auf dem Forum hörte, persönlich seiner annahmen. In die Rechtspraxis führten ihn der hochbetagte Augur Q. Mucius Scaevola und dessen jüngerer Verwandter, der Pontifex Scaevola, ein. Später erinnerte sich Cicero an das gepflegte Latein, das die Frau des Augurs sprach; sie war eine Tochter des Laelius. Sein erster philosophischer Lehrer war der Epikureer Phaidros, dessen Unterricht freilich ohne tiefere Wirkung blieb. Für kurze Zeit mußte das Studium unterbrochen werden: der siebzehnjährige Rekrut (tiro) nahm unter Sulla am Bundesgenossenkrieg teil. Im Jahre 88 kam Philon von Larisa, der Vorsteher der platonischen Akademie, nach Rom. Der glänzende Redner, der die Unterscheidbarkeit von richtigen und falschen Vorstellungen und damit – wie schon Karneades – einen zentralen Lehrsatz der stoischen Erkenntnistheorie bestritt, ohne die Möglichkeit vernünftigen Handelns auf der Grundlage der Wahrscheinlichkeit, des probabile, zu leugnen, übte bestimmenden Einfluß auf Ciceros Denken aus. Stoische Philosophie, vor allem Dialektik, vermittelte ihm Diodotos, der sein lebenslanger Hausgenosse wurde. Mit den griechischen Klassikern, vor allem Homer, von früher Jugend an vertraut, übersetzte Cicero nun auch Schriften Platons und Xenophons. Frühestens 87, spätestens 81 erschien Ciceros Jugendwerk, die Libri Rhetorici, zwei Bücher über die Materialfindung (de inventione). Im Prooemium des ersten Buches stellt er fest, daß ‚Weisheit (sapientia) ohne Beredsamkeit (eloquentia) den Staaten wenig nützt, Beredsamkeit ohne Weisheit ihnen dagegen nur zu sehr schadet und niemals nützt.' Im zweiten Buch (§§ 9f.) bekennt er sich zum Skeptizismus der Neuen Akademie, zur Haltung des Suchens und Zweifelns, das die positive Aussage (affirmatio) vermeidet und sich vor leichtfertiger, anmaßender Zustimmung hütet. Vergleicht man solche programmatischen Sätze mit dem späteren rhetorischen und philosophischen Werk, dann wird die „Kohärenz der Gedankenwelt" Ciceros (Büchner) deutlich. 81 und 80 trat er als Verteidiger vor Gericht auf und eröffnete damit eine Reihe von insgesamt 57 öffentlichen Reden. Bald jedoch gefährdete eine Überanstrengung der Stimme seine Laufbahn, so daß er eine Erholungs- und Bildungsreise in den griechischen Osten des Reiches unternahm (79–77). In Athen hörte er den Akademiker Antiochos von Askalon, die Epikureer Phaidros und Zenon sowie den Rhetor Demetrios; vorübergehend dachte er daran, sich ganz der Philosophie zu widmen. In Kleinasien besuchte er den in Smyrna im freiwilligen Exil lebenden Rutilius Rufus, der noch dem Scipionenkreis angehört hatte. Auf Rhodos lernte er den Stoiker Poseidonios kennen, und wurde sein Schüler; der bekannte Rhetor Apollonios Molon, den er schon in Rom gehört hatte, verhalf ihm zu einer Redetechnik, die seine Stimme schonte.

Nach seiner Rückkehr heiratete Cicero die vornehme und wohlhabende Terentia, die als interessierte und tapfere Politikerfrau seine Tätigkeit begleitete; aus der Ehe, die nach dreißig Jahren an Geldstreitigkeiten zerbrach, gingen eine Tochter und ein Sohn hervor. Mit der Wahl zum Quästor gewann Cicero die Anwartschaft auf einen Senatssitz. Er verwaltete das Amt in Sizilien (75) so gut, daß ihm die dankbaren Provinzialen fünf Jahre später die Anklage gegen den ausbeuterischen Proprätor Verres übertrugen. Der Prozeß brachte Cicero den Durchbruch: er wurde zum angesehensten Redner Roms. Nächste Stufe im cursus honorum war die Ädilität (69), als Prätor (66) war er für Gerichtsverfahren de repetundis, d. h. über die Rückerstattung erpreßter Vermögenswerte, zuständig; dabei widmete er sich auch der Ausbildung angehender Juristen. Im gleichen Jahr setzte er sich vor der Volksversammlung dafür ein, daß der erfolgreiche Feldherr Pompeius trotz der Bedenken konservativer Senatoren mit dem Oberbefehl im Krieg gegen Mithradates von Pontos betraut wurde, der seit mehr als zwei Jahrzehnten die

Römer aus Kleinasien und Griechenland zu verdrängen versuchte. Sein höchstes Ziel erreichte Cicero mit der Wahl zum Konsul für das Jahr 63. Es gelang ihm, die Absicht Caesars und des Crassus zu vereiteln, über Landverteilungsgesetze die Bildung einer von ihren Anhängern beherrschten, mit Sondervollmachten ausgestatteten Kommission durchzusetzen. Die Aufdeckung der Umsturzpläne Catilinas und die Zerschlagung seiner Gefolgschaft ließen ihn als Retter des Vaterlandes erscheinen. Der Erfolg des Staatsmannes fand sichtbaren Ausdruck im Erwerb eines Hauses auf dem Palatin, im feinsten Wohnviertel von Rom. In dem Epos De consulatu suo verherrlichte er die eigene Leistung; über seine maßlose Ruhmsucht war er sich durchaus im klaren. Inzwischen gingen Crassus, Pompeius und Caesar daran, gemäß ihrer Absprache (sogen. 1. Triumvirat i. J. 60) die Politik in ihrem Sinne zu bestimmen. Daß Cicero die vom Senat vor allem auf Drängen des jüngeren Cato zum Tode verurteilten Catilinarier hatte hinrichten lassen, ohne ihnen die Beschwerde bei der Volksversammlung als letzter Berufungsinstanz zu ermöglichen, wurde ihm nachträglich zum Verhängnis, obwohl er sich auf das Notstandsrecht des senatūs consultum ultimum stützen konnte. Sein Intimfeind, der in etliche Skandale verwickelte Volkstribun Clodius, arbeitete auf seine Ächtung hin. Cicero kam ihr durch Selbstverbannung zuvor (und rettete damit, wie er später erklärte, das Land vor einem Bürgerkrieg), kehrte aber schon im folgenden Jahr (57) aus Griechenland zurück, von der Bevölkerung mit Jubel begrüßt. Politischen Einfluß besaß er freilich nicht mehr. Die Verteidigungsrede für den Volkstribun P. Sestius (56), der sich für seine Rückberufung eingesetzt hatte und von Clodius wegen gewalttätigen Vorgehens (de vi) angeklagt wurde, nutzte Cicero zu einer grundsätzlichen Betrachtung über den Unterschied zwischen der um Volkstümlichkeit bemühten, die Volksversammlung als Hebel zur Machtgewinnung einsetzenden popularen Methode in der Politik und dem politischen Weg der alle Gesellschaftsschichten umfassenden, den Führungsanspruch des Senats unterstützenden Optimaten. Er warnte davor, den inneren Frieden (otium) vom Recht auf freie Entfaltung der politischen Begabung (dignitas) zu trennen. Im gleichen Jahre bekräftigten die Triumvirn ihr Bündnis, und Cicero blieb es nicht erspart, sich von ihnen als Aushängeschild benutzen zu lassen: zur Entrüstung seiner Gesinnungsfreunde sprach er sich im Senat dafür aus, Caesars Kommando in Gallien zu verlängern (de provinciis consularibus oratio).

In der Zeit politischer Wirren in Rom, in der die Spannungen zwischen Caesar, Pompeius und der Senatsmehrheit einer gefährlichen Entladung zustrebten, wandte sich Cicero der rhetorischen und politischen Theorie zu (1. philosophische Schaffensperiode). Seine wissenschaftlichen Schriften haben (mit Ausnahme von De officiis) die Form des aristotelischen Dialogs, in dem die Gesprächsteilnehmer zusammenhängende Lehrvorträge, Plädoyers „pro und contra" halten. Für die künstlerische Gestaltung der Gesprächssituation nahm er sich Platon zum Vorbild. In drei umfangreichen Büchern De oratore (55) entwickelt er seine persönliche Vorstellung des Redners, zu dessen Bildung (humanitas) auch die Philosophie gehört. Den mit Recht besonders bekannten Dialog De re publica (54–51) schrieb Cicero in Anlehnung an Platons Politeia und unter Verwendung von Gedanken des Aristotelesschülers Dikaiarchos, des Historikers Polybios und des Panaitios. Darin diskutiert Scipio Africanus Minor mit Laelius und anderen Gefährten über Verfassungsformen, den römischen Staat, die Frage der Gerechtigkeit und den vorbildlichen Bürger; den Abschluß bildet die im Traum in Aussicht gestellte Apotheose des Staatslenkers in Verbindung mit Platons

Beweis für die Unsterblichkeit der Seele. In Analogie zu den Platonischen Nomoi ließ Cicero auf die Staatsschrift einen Dialog De legibus folgen, in dem er selbst im Gespräch mit seinem Bruder Quintus und dem lebenslangen Freund Atticus die römische Gestzgebung als Verwirklichung der stoischen Naturrechtslehre darstellt.

Im Jahre 51 wurde Cicero, von seinem kriegserfahrenen Bruder begleitet, als Statthalter nach Kilikien (Kleinasien) geschickt, weil er noch keine Provinz als Prokonsul verwaltet hatte. Wegen der ungewissen innenpolitischen Lage trat er das Amt ungern an, führte es aber mustergültig und errang sogar einen militärischen Sieg, der ihm zwar ein Dankfest (supplicatio) in Rom, nicht aber den erhofften Triumph einbrachte. Ende 50 kehrte er in die Hauptstadt zurück; bald darauf begann der Bürgerkrieg, in dem er sich zur Parteinahme für Pompeius verpflichtet fühlte, obwohl Caesar sich ehrlich um ihn bemühte. Nach der Katastrophe von Pharsalos (48) wurde er vom Sieger in aller Form begnadigt.

Erneut wandte sich Cicero, nunmehr endgültig, wie es schien, der literarischen Tätigkeit zu (2. philosophische Schaffensperiode). Im Jahre 46 widmete er Caesars Gegenspieler Cato, der den – von der Stoa ausdrücklich legitimierten – Freitod der Unterwerfung vorgezogen hatte, eine Lobschrift; im ‚Brutus' schilderte er die Entwicklung der römischen Beredsamkeit, im Orator den vollkommenen Redner. Die ‚Paradoxa Stoicorum', in denen die Lehrsätze dieser Schule als rhetorische loci communes (Topoi; Gemeinplätze) dargestellt werden, markieren den Übergang zur fast ausschließlichen Beschäftigung mit der Philosophie, in deren Wahrheiten persönliches Scheitern ‚aufgehoben' ist. Das Jahr 45 sah Caesar auf dem Höhepunkt seiner Macht. Cicero, zu politischer Bedeutungslosigkeit verurteilt, erlitt schwere Schicksalsschläge: im Februar starb seine Tochter Tullia, seine zweite Ehe scheiterte. Er beschloß, die ihm verbleibende Zeit zu einem letzten Dienst am Gemeinwesen zu nutzen: zu einer seit Jahren geplanten Gesamtdarstellung der Philosophie in lateinischer Sprache. Nach der Consolatio, einer Trostschrift, in der er sich selbst über den Verlust Tullias hinweghelfen will, schreibt er den ‚Hortensius', eine ‚Motivationshilfe' zum Philosophieren; die einem aristotelischen Vorbild folgende Schrift ist verlorengegangen, hat aber noch den neunzehnjährigen Augustinus zur Philosophie ‚bekehrt'. Zweiter Teil des Lehrgangs sind die Academici libri, eine erkenntnistheoretische Grundlagendiskussion. Darin verteidigt Cicero den Skeptizismus der Neuen Akademie. Er betont (II 127f.) das ‚Recht auf Nichtwissen' und die größere Bescheidenheit (verecundia) einer skeptischen Haltung. Sie bewährt sich auch in der eingehenden Betrachtung der Natur: „Wenn er etwas findet, das der Wahrheit ähnlich scheint, wird der Geist erfüllt von recht eigentlich menschlichem Vergnügen (humanissima voluptate)." Seinen undogmatischen Standpunkt unterstreicht die Bemerkung (II 66), er sei kein sapiens, sondern ein magnus opinator, ein ‚Meinungsfan' (Patzig). Es folgt die Darstellung der ethischen Theorien der Epikureer, Stoiker und Peripatetiker in De finibus bonorum et malorum (Vom höchsten Gut und vom größten Übel); Buch III gehört zu den wichtigsten Quellen zur Ethik der Stoa. Eine naturphilosophisch-theologische Reihe eröffnet der Dialog De natura deorum: in der Frage nach dem Wesen der Gottheit verbirgt sich die nach ihrer Existenz. Der neuakademische Skeptiker Cotta widerlegt die epikureische Lehre von untätig-seligen Göttern und danach die stoische von der göttlichen Vorsehung, bekennt sich aber als pontifex maximus nachdrücklich zur römischen religio. Die Tusculanae disputationes (Gespräche in Tusculum) handeln von den Einsichten und ethischen Grundsätzen, auf denen ein glückliches Leben beruht. Erst nach Caesars Ermordung am 15. 3. 44 vollendete Cicero die Schrift De divinatione (Über die Wahrsagekunst), in der er die Lehre der Alten Stoa und des Poseidonios von der Weissagung (Mantik) als Aberglauben verwirft, die Überzeugung vom Walten eines höheren und unsterblichen Wesens (praestans aliqua aeternaque natura) aber nicht preisgibt: nec vero superstitione tollenda religio tollitur (II 148). Es folgt – thematisch und zeitlich – der Dialog De fato, in dem er die stoische Unterscheidung zwischen immanenten und vorausgehenden Ursachen referiert und erstmals das Wort moralis (sc. pars philosophiae) verwendet. Zwei kleinere Schriften gelten ethischen Spezialthemen. Der vor den Iden des März verfaßte Dialog Cato maior de senectute beweist, daß geistige Aktivität im Alter noch zunehmen kann, daß gerade der senex als politischer Ratgeber dem Staat dienen kann und daß der Tod eines alten Menschen secundum naturam und darum unter die bona zu rechnen sei. In dem nach Caesars Ermordung entstandenen Dialog Laelius de amicitia geht es um die Pflichten der Freundschaft, die in die Treue zur res publica eingebunden bleibt: vielleicht eine Warnung an die Caesarianer vor allzu großer Loyalität gegenüber dem ‚Tyrannen'.

In den Machtkämpfen, die der nur teilweise erfolgreichen Verschwörung folgten, trat Cicero leidenschaftlich den Ansprüchen des Konsuls M. Antonius entgegen, in dem er (wohl zu Unrecht) den gefährlichsten Feind der wiederzubelebenden res publica sah, während er den jungen Caesar Octavianus (C. Octavius), den Großneffen und Adoptivsohn des Diktators, an die Senatspartei zu binden hoffte. Der Kampf gegen Antonius, vor dem er eine Zeitlang aus Rom wich und sich auf seine Güter in Kampanien zurückzog (wo er innerhalb weniger Wochen De officiis schrieb), entfachte noch einmal das ganze Feuer seiner Beredsamkeit. Die aus der Zeit zwischen dem 2. 9. 44 und dem 22. 4. 43 stammenden vierzehn Reden, in denen er sich zur moralischen Mitverantwortung für den Tod des Diktators bekannte (II 29) und Antonius immer wieder mit Catilina verglich, nannte er selbst – zunächst im Scherz – ‚Philippicae' (orationes). Eins jedenfalls hatten sie mit den berühmten Reden, die Demosthenes für die Freiheit Athens gegen Philipp von Makedonien gehalten hatte, gemeinsam: die Vergeblichkeit. Als das unnatürliche Zweckbündnis zwischen den Mördern Caesars und seinem Erben zerbrach und Octavian sich mit Antonius und Lepidus zu einem Triumvirat ‚zur Neuordnung des Staates' (rei publicae constituendae) vereinigte, war Ciceros Schicksal besiegelt. Zur Geschäftsgrundlage des Dreibundes gehörte die Proskription politischer Gegner; die Zeit der clementia Caesaris war vorüber. Auf der Flucht, zu der er sich nach einigem Zögern entschloß, wurde Cicero am 7. 12. 43 in der Nähe seines Landhauses bei Formiae gefaßt und ermordet. Seinen Kopf und seine Hände ließ Antonius auf der Rednerbühne am Forum Romanum ausstellen.

4. Die Schrift De officiis

Ende Oktober 44 schrieb Cicero an seinen engsten Freund aus Puteoli bei Neapel: „Hier beschäftige ich mich mit Philosophie – womit sonst? Ich arbeite an einer breit angelegten Darstellung (magnifice explicamus) der Lehre vom rechten Handeln und widme sie Cicero: das passendste Thema für ein Wort des Vaters an den Sohn" (ad Att. XV 13,6). Es gab mehrere Gründe, dem Werk nicht die Form des Dialogs, sondern einer an den Sohn gerichteten Ermahnung und Ermunterung (Paränese) zu geben. Schon der ältere Cato hatte ein Handbuch über mehrere Wissensgebiete als Epistulae (praecepta) ad Marcum filium veröffentlicht. Außerdem gab der Lebenswandel des jungen Cicero zu moralischen Zurechtweisungen reichlich Anlaß. Nach dem Vorbild des Vaters studierte er in Athen, ließ sich aber von seinem Rhetoriklehrer Gorgias zu voluptates und Trinkgelagen verleiten; gerade in diesen Wochen schrieb er Tiro, dem treuen Freigelassenen und Privatsekretär Ciceros, er denke mit Schauder an seine Jugendsünden (errata aetatis) zurück. Die Abende verbringe er jetzt mit dem Philosophen Kratippos als seinem Gast; der Verkehr mit Gorgias beschränke sich auf die täglichen Deklamationsübungen. Im Jahre 43 kämpfte er unter Brutus, der ihm magnitudo animi bescheinigte, gegen die Triumvirn; Brutus aus der Nähe zu beobachten und ihm nachzueifern sei, so schrieb der Vater, die beste disciplina virtutis. Nach der Niederlage bei Philippi floh der junge Marcus zu den Pompejanern nach Sizilien, 39 wurde er amnestiert und im Jahre 30 Mitkonsul Octavians. Natürlich war Ciceros Pflichtenbuch nicht für ihn allein bestimmt. In der moralischen Erneuerung der Gesellschaft, in der Wiederbelebung altrömischer, durch die griechische Ethik vertiefter Wertvorstellungen sah Cicero den einzigen Ausweg aus der Krise der res publica; und um dieses Ziel zu erreichen, mußte er sich vor allem an die junge Generation wenden. Schon in der Rede pro Sestio (§§ 51, 136f.) hatte er als Lehrer zu den adulescentes gesprochen, denen Herkunft oder Neigung die politische Laufbahn nahelegten; sie hatte er zur Verteidigung des Staates, zum Studium der Verfassung und zum Streben nach Anerkennung seitens der boni viri sapientes ermahnt. 12 Jahre später, wenige Monate vor der Arbeit an De officiis, sagt er, welche Wirkung er seinem theoretischen Werk wünscht: „Wir können dem Gemeinwesen keinen größeren oder besseren Dienst erweisen, als wenn wir die Jugend belehren und bilden – zumal beim gegenwärtigen Zustand der Gesittung, da sich die Jugend so verrannt hat (prolapsa est), daß sie durch gemeinsames Bemühen gezügelt und zur Ordnung gebracht werden muß. Vermutlich läßt es sich nicht erreichen (und man kann es nicht einmal verlangen), daß sich alle jungen Leute diesen Studien zuwenden. Hoffentlich einige wenige! Doch ihr Unternehmungsgeist (industria) wird im Staat in die Breite wirken können" (De divin. II 4f.).

Am 5. November meldete Cicero den Abschluß der ersten beiden Teile (honestum und utile), die den drei Büchern der Schrift des Panaitios entsprächen; für den dritten Teil beschaffte er sich die Abhandlung des Poseidonios über das unter gewissen Umständen richtige Handeln und eine ‚Zusammenfassung der Hauptpunkte' dieser Schrift oder (so versteht H.-Th. Johann die Stelle ad Att. XVI 11,4) ein größeres Pflichtenbuch des Poseidonios und eine ebenfalls von ihm geschriebene ethische Erörterung ‚Hauptergebnisse' (kephálaia) über die umstandsbedingte Handlung. Als sich Cicero am 9. Dezember wieder nach Rom begab, wo er am 20. 12. seine dritte Rede gegen Antonius hielt, hatte er De officiis vollendet. Seine erstaunliche literarische Fruchtbarkeit in den Jahren 46–44 wird dadurch verständlicher, daß er seit seiner Jugend nicht aufgehört hatte, sich in Mußestunden mit den Lehren von Philosophen auseinanderzusetzen, die er auch häufig in seinen Reden (vgl. De natura deorum I 6) zitiert hatte. Das Werk zeigt zwar in seinem Gesamtaufbau überlegte Gestaltung, weist aber an vielen Stellen sprachlich-stilistische Mängel und logische Schwächen auf, die zu verschiedenen Theorien über eine ‚frühe Verwilderung' des Textes, der wahrscheinlich erst nach Ciceros Tod (vielleicht durch Tiro) herausgegeben wurde, geführt haben. Man hat vermutet, daß bei der Veröffentlichung Randnotizen des Verfassers (Autorenmarginalien), Zeichen einer beabsichtigten Überarbeitung, aus der

Urschrift in den Text eingedrungen seien. Eine andere These besagt, das ciceronische Original sei durch zahlreiche Einschübe (Interpolationen) seitens fremder Bearbeiter, deren Tätigkeit schon bald eine textkritische Edition (mit der später mißverstandenen Angabe von Varianten!) notwendig gemacht habe, so sehr entstellt worden, daß der ursprüngliche Wortlaut nur durch die Beseitigung (Athetese) von Stellen, deren Echtheit fragwürdig sei, wiederhergestellt werden könne. Nach den Untersuchungen von G. Rudberg und K. B. Thomas ist der ciceronische Text weithin Entwurf (Konzept, Rohfassung) geblieben; und in diesem Stadium sei die lockere Gedankenanreihung (Assoziation) wesentliches Gestaltungsprinzip gewesen. So lassen sich die meisten Unebenheiten erklären, ohne daß der Text der Gefahr einer letztlich unbefriedigenden, auch von subjektiven Echtheitskriterien abhängigen Schrumpfung ausgesetzt wird; eine geringe Anzahl wirklicher Fremdkörper mag so zu verstehen sein, daß Abschreiber die von Lesern am Rande oder zwischen den Zeilen notierten Synonyme und Paraphrasen in den Text eingefügt haben.

Das Thema der Schrift ist die Konvergenz (Übereinstimmung) der in ‚pflichtgemäßen Handlungen' entsprechend den Naturanlagen des Menschen verwirklichten Sittlichkeit (Buch I) mit dem vom Interesse des Staatsmannes her definierten Nutzen (Buch II), aus der sich die Unmöglichkeit einer Kollision zwischen dem moralisch Richtigen und dem Förderlichen, das nicht mit dem scheinbar Vorteilhaften verwechselt werden darf, zwingend ergibt (Buch III). Das griechische Wort ‚kalón' bezeichnet das ‚Sittlichgute' als das ‚Schöne'. Cicero übersetzt es sinngemäß mit ‚honestum', ‚honestas'. Auch das lateinische Adjektiv ‚honestus' kann die Bedeutung ‚ansehnlich', ‚hübsch' haben; stärker als ‚kalós' ist es auf die gesellschaftliche Anerkennung (honor) bezogen und bezeichnet das ‚ehrenwert Vornehme', ‚Lobenswerte', das zunächst begrifflich scharf vom ‚Nützlichen' getrennt werden muß: honestum ... id intellegimus, quod tale est, ut abstracta omni utilitate sine ullis praemiis fructibusve per se ipsum possit iure laudari (De fin. II 45). Wer sich für das ‚honestum' entscheidet, gilt als ‚vir bonus' oder ‚iustus' (Ehrenmann) entsprechend dem griechischen ‚spudaîos', das den tüchtigen, ernst zu nehmenden Mann bezeichnet. Mit den vier Haupttugenden – Klugheit, Gerechtigkeit, Tapferkeit und Mäßigung – werden die Bereiche abgesteckt, in denen sich ‚richtiges Handeln' vollzieht. Das zunächst der vierten Einzeltugend zugeordnete ‚decorum' (gr. ‚prépon') erweitert sich dabei zu einem umfassenderen, mit ‚honestum' konkurrierenden Begriff, der das situationsgerechte, adäquate, stilvolle Verhalten bezeichnet und die Verbindung zwischen dem ethischen Gehalt des Logos (ratio) und dem rhetorischen (oratio) herstellt: in der Redekunst liefert das ‚decorum' den Maßstab, nach dem Stilarten gewählt und Stilmittel eingesetzt werden. Das Wort ‚officium', mit dem Cicero den stoischen Terminus ‚kathêkon' wiedergibt, gehört zunächst und vor allem dem Bereich der außerrechtlichen Bindungen an: das Wechselspiel von beneficia und officia, Leistungen und Gegenleistungen, regelt das Leben der römischen Gesellschaft. Die Zweifel seines Freundes, ob ‚officium' auch auf die res publica anwendbar sei, beantwortet Cicero (ad Att. XVI 14,3) mit dem Hinweis, das Wort bezeichne auch die Amtspflicht der Konsuln, des Senats oder eines Feldherrn. Ciceros Anteil an De officiis beschränkt sich aber nicht auf die – wohlüberlegte und meist glückliche – Übersetzung seiner Vorlagen, die ‚Aufbereitung' und Abrundung ihres Inhalts. Die ethischen praecepta der griechischen Philosophen veranschaulicht er durch Beispiele aus der römischen Geschichte, dem römischen Alltag und der eigenen Lebenserfahrung. Das Bedürfnis nach Gemeinschaft erscheint ihm dringender als das Bedürfnis nach Erkenntnis; darum entscheidet er sich – gewiß auch als Römer – im denkbaren Konfliktfall für die sozialen Verpflichtungen und gegen die Pflichten der kognitiven Tugend. Der Einsatz für den Staat aber darf niemals gegen Maß und Anstand verstoßen. Das Schicksal Caesars dient als warnendes Exempel für die Gefahren schrankenlosen politischen Ehrgeizes und die Versuchungen der Macht; in der Auseinandersetzung mit dem toten Diktator überschreitet Cicero allerdings oft die Grenze zur Diffamierung. (Damit dürfte sich die Vermutung erledigen, Octavian sei der eigentliche Adressat der Schrift.) Cicero nahm entschieden für die überlieferte Ordnung Partei, und gerade in De officiis spiegelt sich das ‚Gruppenbewußtsein' (W. Heilmann) der Caesarmörder. Er idealisierte die römische Vergangenheit und identifizierte sich als homo novus besonders stark mit der Herrschaft der Nobilität, in die er aufgestiegen war. Doch sein hohes Ideal und seine griechische Bildung ließen ihn an das Verhalten der Optimaten strenge Maßstäbe anlegen und zu einem scharfen Kritiker auch seiner Standesgenossen werden. Daß es sich bei dieser Schrift nicht allein um ‚philosophisch gefärbte Propaganda' oder um die ‚Legitimierung von Herrschaftsinteressen' handelt, beweist auch die Geschichte ihrer Rezeption.

De officiis gehört zu den einflußreichsten Werken der antiken Literatur. Man sah – in Spätantike, Mittelalter und Neuzeit – darin nicht eine konservative Tendenzschrift, sondern ein Lehrbuch der Ethik und der Lebensklugheit mit der ‚klassischen' systematischen Darstellung der vier Kardinaltugenden. Als virtutes cardinales (zu cardo – Angel(punkt), Drehpunkt, Achse, Hauptsache) bezeichnete sie zuerst Ambrosius von Mailand (um 340–397) in einer Trauerrede auf seinen Bruder (De excessu fratris sui Satyri I 57). In enger Anlehnung an

Ciceros Schrift verfaßte er nach dem Prinzip der imitatio eine christliche Sittenlehre De officiis ministrorum, die er seinen ‚Söhnen', den Klerikern des Bistums, widmete. Das Ziel der antiken Ethik, die vita beata, wird zur vita aeterna umgedeutet; die griechisch-römischen exempla werden durch alttestamentliche ersetzt, Ciceros praecepta aber werden beibehalten. Im Mittelalter verglich man die vier Tugenden gern mit den Himmelsrichtungen (anguli) und vereinigte sie mit den theologischen virtutes – fides, spes, caritas – zu einem ethischen Septenar. Zur Schule an der Kathedrale von Chartres, einem Zentrum der ‚Renaissance' des 12. Jahrhunderts, gehört Wilhelm von Conches. Ihm wird eine ethische Spruchsammlung Moralium dogma philosophorum zugeschrieben, die u. a. 165 Zitate aus De officiis enthält. Auf Ciceros Schrift greift auch die Hochscholastik zurück; Thomas von Aquino (1224–1274) benutzt sie in seiner Summa theologica II 1 und II 2, wo er die Kardinaltugenden verzeichnet, die begriffliche Scheidung des honestum vom utile und delectabile untersucht und die Rangordnung unter den virtutes erörtert.

Der spätmittelalterliche Staatstheoretiker Marsilius von Padua, Ratgeber Kaiser Ludwigs des Bayern, verwendet Zitate aus De officiis I und III in seiner zwischen 1317 und 1324 entstandenen, bald mit dem Kirchenbann belegten Schrift Defensor pacis, in der er die Autorität des Staates, dessen Regierung vom Volk gewählt werden soll, gegen den Machtanspruch des Papstes verteidigt. Hohes Ansehen genoß Ciceros Pflichtenbuch im Renaissancehumanismus: schon 1465 erschien es in Mainz und im Kloster Subiaco bei Rom als erstes Werk eines antiken Autors etwa gleichzeitig mit Ciceros De oratore im Druck. Es gehört zu den antiken Quellen, die Hugo Grotius für seine 1625 veröffentlichte Schrift De iure belli ac pacis, „das europäische Gesetzbuch des Völkerrechtes", benutzt hat. Ciceros decorum-Lehre in De oratore und De officiis hat über das Buch vom ‚Hofmann' (Cortegiano) des Baldassare Castiglione (1478–1529) das gesellschaftliche Leitbild des kultivierten Mannes (honnête homme, gentleman) mitgestaltet. Die Aufklärungsphilosophie schätzte De officiis als ein Handbuch der Moral, das als Grundlage einer überkonfessionellen, stoisch-christlichen Ethik dienen konnte. Zu den erklärten Bewunderern der Schrift gehörten Friedrich der Große (1712–1786) und sein Freund Voltaire (1694–1778). Im 19. Jahrhundert wandte sich das Interesse von Cicero zu den griechischen Vorlagen seiner philosophischen Werke. Man sprach ihm nicht nur – zu Recht – Originalität, sondern auch – zu Unrecht – jedes theoretische Verständnis ab. Trotzdem behauptete sich De officiis als beliebte Schullektüre. Auch das Thema bewies seine Aktualität, seine allgemeinmenschliche Gültigkeit. Der schottische Arzt und Erfolgsautor Samuel Smiles (1812–1904), Verfasser volkstümlicher Schriften zur Ethik, veröffentlichte 1880 als letzte Abhandlung das Buch Duty (Die Pflicht). Obwohl es sich weder philosophisch noch philologisch mit Cicero auseinandersetzt und nicht der Wissenschaft, sondern der moralischen Erbauungsliteratur zuzurechnen ist, erinnert es nicht allein im Titel an De officiis, sondern auch in der erzieherischen Absicht, in der Verwendung von exempla und im diatribenhaften Stil.

De officiis wird in der Forschung entweder als abschließende Zusammenfassung den ethischen Schriften Ciceros zugeordnet oder mit De re publica und De legibus zu einer staatspolitischen Trias vereinigt. Beide Zugangsmöglichkeiten finden in der Fachdidaktik ihren Niederschlag. In den nordrhein-westfälischen Richtlinien bespielsweise werden Textabschnitte aus De officiis für folgende Themen vorgeschlagen: Ethische Normen und Lebenspraxis, Lebensgestaltung durch Philosophie, Stadtleben und Gesellschaft/Beruf und Freizeit, Otium oder accedere ad rem publicam, Staat und Staatsformen in der Reflexion, Krisen und Krisenbewußtsein in der römischen Literatur, Romidee und Romkritik. Für eine Berücksichtigung der Schrift im Oberstufenunterricht sollte auch die Tatsache sprechen, daß sie zu den nicht gerade zahlreichen Werken lateinischer ‚Schulautoren' gehört, die sich ausdrücklich an junge Menschen richten. Ciceros Absicht ist es, zu einem ‚pflichtgemäßen Handeln' anzuleiten, das der individuellen Veranlagung ebenso gerecht wird wie der Einsicht in die gesellschaftliche Bestimmung des Menschen. Als ‚allgemeines Erziehungsziel' formuliert, heißt dies: Selbstverwirklichung in sozialer Verantwortung.

M. Tulli Ciceronis
de officiis
libri tres

LIBER PRIMUS
Prooemium

*Widmung und Aufforderung zum Studium
philosophischer Werke in lateinischer Sprache*

(1) Quamquam te, Marce fili, annum iam audientem Cratippum idque Athenis, abundare oportet praeceptis institutisque philosophiae propter summam et doctoris auctoritatem et urbis, quorum alter te scientia augere potest, altera exemplis, tamen, ut ipse ad meam utilitatem semper cum Graecis Latina coniunxi neque id in philosophia solum, sed etiam in dicendi exercitatione feci, idem tibi censeo faciendum, ut par sis in utriusque orationis facultate.

Quam quidem ad rem nos, ut videmur, magnum attulimus adiumentum hominibus nostris, ut non modo Graecarum litterarum rudes, sed etiam docti aliquantum se arbitrentur adeptos et ad discendum et ad iudicandum. (2) quam ob rem disces tu quidem a principe huius aetatis philosophorum, et disces, quamdiu voles; tam diu autem velle debebis, quoad te, quantum proficias, non paenitebit. sed tamen nostra legens non multum a Peripateticis dissidentia, quoniam utrique Socratici et Platonici volumus esse, de rebus ipsis utere tuo iudicio (nihil enim impedio), orationem autem Latinam efficies profecto legendis nostris pleniorem. nec vero hoc arroganter dictum existimari velim. nam philosophandi scientiam concedens multis, quod est oratoris proprium, apte, distincte, ornate dicere, quoniam in eo studio aetatem consumpsi, si id mihi assumo, videor id meo iure quodam modo vindicare.

(3) Quam ob rem magnopere te hortor, mi Cicero, ut non solum orationes meas, sed hos etiam de philosophia libros, qui iam illis fere se aequarunt, studiose legas; vis enim maior in illis dicendi, sed hoc quoque colendum est aequabile et temperatum orationis genus. et id quidem nemini video Graecorum adhuc contigisse, ut idem utroque in genere laboraret sequereturque et illud forense dicendi et hoc quietum disputandi genus, nisi forte Demetrius Phalereus in hoc numero haberi potest, disputator subtilis, orator parum vehemens, dulcis tamen, ut Theophrasti discipulum possis agnoscere. nos autem quantum in utroque profecerimus, aliorum sit iudicium, utrumque certe secuti sumus. (4) equidem et Platonem existimo, si genus forense dicendi tractare voluisset, gravissime et copiosissime potuisse dicere et Demosthenem, si illa, quae a Platone didicerat, tenuisset et pronuntiare voluisset, ornate splendideque facere potuisse; eodemque modo de Aristotele et Isocrate iudico, quorum uterque suo studio delectatus contempsit alterum.

Einleitung

Moralische Pflichten als Gegenstand der Philosophie

Sed cum statuissem scribere ad te aliquid hoc tempore, multa posthac, ab eo ordiri maxime volui, quod et aetati tuae esset aptissimum et auctoritati meae. nam cum multa sint in philosophia et gravia et utilia accurate copioseque a philosophis disputata, latissime patere videntur ea, quae de officiis tradita ab illis et praecepta sunt. nulla enim vitae pars neque publicis neque privatis neque forensibus neque domesticis in rebus, neque si tecum agas quid neque si cum altero contrahas, vacare officio potest; in eoque et colendo sita vitae est honestas omnis et neglegendo turpitudo. (5) atque haec quidem quaestio communis est omnium philosophorum. quis est enim, qui nullis officii praeceptis tradendis philosophum se audeat dicere? sed sunt nonnullae disciplinae, quae propositis bonorum et malorum finibus officium omne pervertant. nam qui summum bonum sic instituit, ut nihil habeat cum virtute coniunctum, idque suis commodis, non honestate metitur, hic, si sibi ipse consentiat et non interdum naturae bonitate vincatur, neque amicitiam colere possit nec iustitiam nec liberalitatem; fortis vero dolorem summum malum iudicans aut temperans voluptatem summum bonum statuens esse certe nullo modo potest. (6) quae quamquam ita sint in promptu, ut res disputatione non egeat, tamen sunt a nobis alio loco disputata. hae disciplinae igitur, si sibi consentaneae velint esse, de officio nihil queant dicere, neque ulla officii praecepta firma, stabilia, coniuncta naturae tradi possunt nisi aut ab iis, qui solam, aut ab iis, qui maxime honestatem propter se dicant expetendam. ita propria est ea praeceptio Stoicorum, Academicorum, Peripateticorum, quoniam Aristonis, Pyrrhonis, Erilli iam pridem explosa sententia est; qui tamen haberent ius suum disputandi de officio, si rerum aliquem dilectum reliquissent, ut ad officii inventionem aditus esset. sequimur igitur hoc quidem tempore et hac in quaestione potissimum Stoicos, non ut interpretes, sed, ut solemus, e fontibus eorum iudicio arbitrioque nostro, quantum quoque modo videbitur, hauriemus.

Begriff und Einteilung der Pflichten

(7) Placet igitur, quoniam omnis disputatio de officio futura est, ante definire, quid sit officium; quod a Panaetio praetermissum esse miror. omnis enim, quae ratione suscipitur de aliqua re institutio, debet a definitione proficisci, ut intellegatur, quid sit id, de quo disputetur.

Omnis de officio duplex est quaestio. unum genus est, quod pertinet ad finem bonorum, alterum, quod positum est in praeceptis, quibus in omnes partes usus vitae conformari possit. superioris generis huiusmodi sunt exempla: omniane officia perfecta sint, num quod officium aliud alio maius sit, et quae sunt generis eiusdem. quorum autem officiorum praecepta traduntur, ea quamquam pertinent ad finem bonorum, tamen minus id apparet, quia magis ad institutionem vitae communis spectare videntur; de quibus est nobis his libris explicandum.

(8) Atque etiam alia divisio est officii. nam et medium quoddam officium dicitur et perfectum. perfectum officium rectum, opinor, vocemus, quoniam Graeci κατόρϑωμα (katórthōma), hoc autem commune officium ⟨καϑῆκον (kathêkon)⟩ vocant. atque ea sic definiunt, ut, rectum quod sit, id officium perfectum esse definiant; medium autem officium id esse dicunt, quod cur factum sit, ratio probabilis reddi possit. (9) triplex igitur est, ut Panaetio videtur, consilii capiendi deliberatio. nam aut honestumne factu sit an turpe dubitant id, quod in deliberationem cadit; in quo considerando saepe animi in contrarias sententias distrahuntur. tum autem aut anquirunt aut consultant, ad vitae commoditatem iucunditatemque, ad facultates rerum atque copias, ad opes, ad potentiam, quibus et se possint iuvare et suos, conducat id necne, de quo deliberant; quae deliberatio omnis in rationem utilitatis cadit. tertium dubitandi genus est, cum pugnare videtur cum honesto id, quod videtur esse utile. cum enim utilitas ad se rapere, honestas contra revocare ad se videtur, fit, ut distrahatur in deliberando animus afferatque ancipitem curam cogitandi. (10) hac divisione, cum praeterire aliquid maximum vitium in dividendo sit, duo praetermissa sunt. nec enim solum utrum honestum an turpe sit, deliberari solet, sed etiam duobus propositis honestis utrum hones-

tius, itemque duobus propositis utilibus utrum utilius. ita, quam ille triplicem putavit esse rationem, in quinque partes distribui debere reperitur. primum igitur est de honesto, sed dupliciter, tum pari ratione de utili, post de comparatione eorum disserendum.

Erster Teil

Das moralisch Richtige und die ihm entsprechenden Pflichten

Einleitung

Die besondere Natur des Menschen

(11) Principio generi animantium omni est a natura tributum, ut se vitam corpusque tueatur, declinet ea, quae nocitura videantur, omniaque, quae sint ad vivendum necessaria, anquirat et paret, ut pastum, ut latibula, ut alia generis eiusdem. commune autem animantium omnium est coniunctionis appetitus procreandi causa et cura quaedam eorum, quae procreata sint. sed inter hominem et beluam hoc maxime interest, quod haec tantum, quantum sensu movetur, ad id solum, quod adest quodque praesens est, se accommodat paulum admodum sentiens praeteritum aut futurum. homo autem, quod rationis est particeps, per quam consequentia cernit, causas rerum videt earumque praegressus et quasi antecessiones non ignorat, similitudines comparat rebusque praesentibus adiungit atque annectit futuras, facile totius vitae cursum videt ad eamque degendam praeparat res necessarias. (12) eademque natura vi rationis hominem conciliat homini et ad orationis et ad vitae societatem ingeneratque imprimis praecipuum quendam amorem in eos, qui procreati sunt, impellitque, ut hominum coetus et celebrationes et esse et a se obiri velit ob easque causas studeat parare ea, quae suppeditent ad cultum et ad

victum, nec sibi soli, sed coniugi, liberis ceterisque, quos caros habeat tuerique debeat; quae cura exsuscitat etiam animos et maiores ad rem gerendam facit. (13) imprimisque hominis est propria veri inquisitio atque investigatio. itaque cum sumus necessariis negotiis curisque vacui, tum avemus aliquid videre, audire, addiscere cognitionemque rerum aut occultarum aut admirabilium ad beate vivendum necessariam ducimus. ex quo intellegitur, quod verum, simplex sincerumque sit, id esse naturae hominis aptissimum. huic veri videndi cupiditati adiuncta est appetitio quaedam principatus, ut nemini parere animus bene informatus a natura velit nisi praecipienti aut docenti aut utilitatis causa iuste et legitime imperanti; ex quo magnitudo animi exsistit humanarumque rerum contemptio. (14) nec vero illa parva vis naturae est rationisque, quod unum hoc animal sentit, quid sit ordo, quid sit, quod deceat, in factis dictisque qui modus. itaque eorum ipsorum, quae aspectu sentiuntur, nullum aliud animal pulchritudinem, venustatem, convenientiam partium sentit; quam similitudinem natura ratioque ab oculis ad animum transferens multo etiam magis pulchritudinem, constantiam, ordinem in consiliis factisque conservandam putat cavetque, ne quid indecore effeminateve faciat, tum in omnibus et opinionibus et factis ne quid libidinose aut faciat aut cogitet. quibus ex rebus conflatur et efficitur id, quod quaerimus, honestum, quod etiamsi nobilitatum non sit, tamen honestum sit quodque vere dicimus, etiamsi a nullo laudetur, natura esse laudabile.

Die vier Kardinaltugenden

(15) Formam quidem ipsam, Marce fili, et tamquam faciem honesti vides, ‚quae si oculis cerneretur, mirabiles amores', ut ait Plato, ‚excitaret sapientiae'. sed omne,

quód est honestum, id quattuor partium oritur ex aliqua. aut enim in perspicientia veri sollertiaque versatur aut in hominum societate tuenda tribuendoque suum cuique et rerum contractarum fide aut in animi excelsi atque invicti magnitudine ac robore aut in omnium, quae fiunt quaeque dicuntur, ordine et modo, in quo inest modestia et temperantia.

Quae quattuor quamquam inter se colligata atque implicata sunt, tamen ex singulis certa officiorum genera nascuntur, velut ex ea parte, quae prima descripta est, in qua sapientiam et prudentiam ponimus, inest indagatio atque inventio veri eiusque virtutis hoc munus est proprium. (16) ut enim quisque maxime perspicit, quid in re quaque verissimum sit, quique acutissime et celerrime potest et videre et explicare rationem, is prudentissimus et sapientissimus rite haberi solet. quocirca huic quasi materia, quam tractet et in qua versetur, subiecta est veritas.

(17) Reliquis autem tribus virtutibus necessitates propositae sunt ad eas res parandas tuendasque, quibus actio vitae continetur, ut et societas hominum coniunctioque servetur et animi excellentia magnitudoque cum in augendis opibus utilitatibusque et sibi et suis comparandis, tum multo magis in his ipsis despiciendis eluceat. ordo autem et constantia et moderatio et ea, quae sunt his similia, versantur in eo genere, ad quod est adhibenda actio quaedam, non solum mentis agitatio. iis enim rebus, quae tractantur in vita, modum quendam et ordinem adhibentes honestatem et decus conservabimus.

Ausführung

1. Die Erkenntnis der Wahrheit

(18) Ex quattuor autem locis, in quos honesti naturam vimque divisimus, primus ille, qui in veri cognitione

consistit, maxime naturam attingit humanam. omnes enim trahimur et ducimur ad cognitionis et scientiae cupiditatem, in qua excellere pulchrum putamus, labi autem, errare, nescire, decipi et malum et turpe dicimus. in hoc genere et naturali et honesto duo vitia vitanda sunt, unum, ne incognita pro cognitis habeamus hisque temere assentiamur; quod vitium effugere qui volet (omnes autem velle debent), adhibebit ad considerandas res et tempus et diligentiam. (19) alterum est vitium, quod quidam nimis magnum studium multamque operam in res obscuras atque difficiles conferunt easdemque non necessarias.

Quibus vitiis declinatis quod in rebus honestis et cognitione dignis operae curaeque ponetur, id iure laudabitur, ut in astrologia C. Sulpicium audimus, in geometria Sex. Pompeium ipsi cognovimus, multos in dialecticis, plures in iure civili, quae omnes artes in veri investigatione versantur. cuius studio a rebus gerendis abduci contra officium est; virtutis enim laus omnis in actione consistit. a qua tamen fit intermissio saepe multique dantur ad studia reditus; tum agitatio mentis, quae numquam acquiescit, potest nos in studiis cognitionis etiam sine opera nostra continere. omnis autem cogitatio motusque animi aut in consiliis capiendis de rebus honestis et pertinentibus ad bene beateque vivendum aut in studiis scientiae cognitionisque versabitur. ac de primo quidem officii fonte diximus.

2. Gerechtigkeit und Güte

Pflichten gegenüber einzelnen und gegenüber der Gemeinschaft

(20) De tribus autem reliquis latissime patet ea ratio, qua societas hominum inter ipsos et vitae quasi communitas continetur; cuius partes duae: iustitia, in qua virtutis

splendor est maximus, ex qua viri boni nominantur, et huic coniuncta beneficientia, quam eandem vel benignitatem vel liberalitatem appellari licet. sed iustitiae primum munus est, ut ne cui quis noceat nisi lacessitus iniuria, deinde ut communibus pro communibus utatur, privatis ut suis. (21) sunt autem privata nulla natura, sed aut vetere occupatione, ut qui quondam in vacua venerunt, aut victoria, ut qui bello potiti sunt, aut lege, pactione, condicione, sorte; ex quo fit, ut ager Arpinas Arpinatium dicatur, Tusculanus Tusculanorum; similisque est privatarum possessionum discriptio. ex quo, quia suum cuiusque fit eorum, quae natura fuerant communia, quod cuique obtigit, id quisque teneat; e quo si quis sibi appetet, violabit ius humanae societatis.

(22) Sed quoniam, ut praeclare scriptum est a Platone, non nobis solum nati sumus ortusque nostri partem patria vindicat, partem amici atque, ut placet Stoicis, quae in terris gignantur, ad usum hominum omnia creari, homines autem hominum causa esse generatos, ut ipsi inter se aliis alii prodesse possent, in hoc naturam debemus ducem sequi, communes utilitates in medium afferre mutatione officiorum, dando accipiendo, tum artibus, tum opera, tum facultatibus devincire hominum inter homines societatem. (23) fundamentum autem est iustitiae fides, id est dictorum conventorumque constantia et veritas. ex quo, quamquam hoc videbitur fortasse cuipiam durius, tamen audeamus imitari Stoicos, qui studiose exquirunt, unde verba sint ducta, credamusque, quia ,fiat', quod dictum est, appellatam ,fidem'.

Ungerechtigkeit durch Handeln

Sed iniustitiae genera duo sunt: unum eorum, qui inferunt, alterum eorum, qui ab iis, quibus infertur, si possunt, non propulsant iniuriam. nam qui iniuste impetum in quempiam facit aut ira aut aliqua perturbatione incitatus, is quasi manus afferre videtur socio; qui autem non defendit nec obsistit, si potest, iniuriae, tam est in vitio, quam si parentes aut amicos aut patriam deserat.

(24) Atque illae quidem iniuriae, quae nocendi causa de industria inferuntur, saepe a metu proficiscuntur, cum is, qui nocere alteri cogitat, timet, ne, nisi id fecerit, ipse aliquo afficiatur incommodo. maximam autem partem ad iniuriam faciendam aggrediuntur, ut adipiscantur ea, quae concupiverunt; in quo vitio latissime patet avaritia. (25) expetuntur autem divitiae cum ad usus vitae necessarios, tum ad perfruendas voluptates. in quibus autem maior est animus, in iis pecuniae cupiditas spectat ad opes et ad gratificandi facultatem, ut nuper M. Crassus negabat ullam satis magnam pecuniam esse ei, qui in re publica princeps vellet esse, cuius fructibus exercitum alere non posset. delectant etiam magnifici apparatus vitaeque cultus cum elegantia et copia; quibus rebus effectum est, ut infinita pecuniae cupiditas esset. nec vero rei familiaris amplificatio nemini nocens vituperanda est, sed fugienda semper iniuria est.

(26) Maxime autem adducuntur plerique, ut eos iustitiae capiat oblivio, cum in imperiorum, honorum, gloriae cupiditatem inciderunt. quod enim est apud Ennium,

,núlla sancta sócietas

néc fides regni ést',

id latius patet. nam quidquid eiusmodi est, in quo non possint plures excellere, in eo fit plerumque tanta contentio, ut difficillimum sit servare sanctam societatem. declaravit id modo temeritas C. Caesaris, qui omnia iura divina et humana pervertit propter eum, quem sibi ipse opinionis errore finxerat, principatum. est autem in hoc genere molestum, quod in maximis animis splendidissimisque ingeniis plerumque exsistunt honoris, imperii, potentiae, gloriae cupiditates. quo magis cavendum est, ne quid in eo genere peccetur. (27) sed in omni iniustitia permultum interest, utrum perturbatione aliqua animi, quae plerumque brevis est et ad tempus, an consulto et cogitata fiat iniuria. leviora enim sunt ea, quae repentino aliquo motu accidunt, quam ea, quae meditata et praeparata inferuntur. ac de inferenda quidem iniuria satis dictum est.

Ungerechtigkeit durch Unterlassen

(28) Praetermittendae autem defensionis deserendique officii plures solent esse causae. nam aut inimicitias aut laborem aut sumptus suscipere nolunt aut etiam neglegentia, pigritia, inertia aut suis studiis quibusdam occupationibusve sic impediuntur, ut eos, quos tutari debeant, desertos esse patiantur. itaque videndum est, ne non satis sit id, quod apud Platonem est in philosophos dictum, quod in veri investigatione versentur quodque ea, quae plerique vehementer expetant, de quibus inter se digladiari soleant, contemnant et pro nihilo putent, propterea iustos esse. nam alterum iustitiae genus assequuntur, in inferanda ne cui noceant iniuria, in alterum incidunt, discendi enim studio impediti, quos tueri debent, deserunt. itaque eos ne ad rem publicam quidem accessuros putant nisi coactos. aequius autem erat id voluntate fieri; nam hoc ipsum ita iustum est, quod recte fit, si est voluntarium. (29) sunt etiam, qui aut studio rei familiaris tuendae aut odio quodam hominum suum se negotium agere dicant nec facere cuiquam videantur iniuriam. qui altero genere iniustitiae vacant, in alterum incurrunt; deserunt enim vitae societatem, quia nihil conferunt in eam studii, nihil operae, nihil facultatum.

29–32 Die Einsicht in die Motive der Ungerechtigkeit und das Wesen der Gerechtigkeit läßt uns in jeder Situation unsere Pflicht erkennen – wenn unsere Eigenliebe nicht groß ist. Zwar sagt Chremes (im ‚Selbstquäler' des Terenz), ihm sei nichts, was Menschen angehe, gleichgültig, aber es ist schwer, von fremdem Schicksal wirklich betroffen zu sein: wir sehen es in einer weiten Distanz.

Pflichten können sich unter bestimmten Umständen in ihr Gegenteil verkehren. So hängt die Gültigkeit eines Versprechens davon ab, ob seine Erfüllung den obersten Geboten der Gerechtigkeit, niemandem zu schaden und dem gemeinsamen Nutzen zu dienen, entspricht. Warnendes exemplum: der tragische Tod des Hippolytos auf Wunsch seines eifersüchtigen Vaters Theseus, dem Poseidon die Erfüllung dreier Bitten garantiert hatte.

Mißbrauch des Rechts

(33) Exsistunt etiam saepe iniuriae calumnia quadam et nimis callida, sed malitiosa iuris interpretatione. ex quo illud ‚summum ius summa iniuria' factum est iam tritum sermone proverbium. quo in genere etiam in re publica multa peccantur, ut ille, qui, cum triginta dierum essent cum hoste indutiae factae, noctu populabatur agros, quod dierum essent pactae, non noctium indutiae. ne noster quidem probandus, si verum est Q. Fabium Labeonem seu quem alium – nihil enim habeo praeter auditum – arbitrum Nolanis et Neapolitanis de finibus a senatu datum, cum ad locum venisset, cum utrisque separatim locutum, ne cupide quid agerent, ne appetenter, atque ut regredi quam progredi mallent. id cum utrique fecissent, aliquantum agri in medio relictum est. itaque illorum fines sic, ut ipsi dixerant, terminavit; in medio relictum quod erat, populo Romano adiudicavit. decipere hoc quidem est, non iudicare. quocirca in omni est re fugienda talis sollertia.

Gerechtigkeit gegen Feinde

(34) Sunt autem quaedam officia etiam adversus eos servanda, a quibus iniuriam acceperis. est enim ulciscendi et puniendi modus; atque haud scio an satis sit eum, qui lacessierit, iniuriae suae paenitere, ut et ipse ne quid tale posthac et ceteri sint ad iniuriam tardiores.

Atque in re publica maxime conservanda sunt iura belli. nam cum sint duo genera decertandi, unum per disceptationem, alterum per vim, cumque illud proprium sit hominis, hoc beluarum, confugiendum est ad posterius, si uti non licet superiore. (35) quare suscipienda quidem bella sunt ob eam causam, ut sine iniuria in pace vivatur; parta autem victoria conservandi ii, qui non crudeles in bello, non immanes fuerunt, ut maiores nostri Tusculanos, Aequos, Volscos, Sabinos, Hernicos in civitatem etiam acceperunt, at Carthaginem et Numantiam funditus sustulerunt; nollem Corinthum, sed credo aliquid secutos, opportunitatem loci maxime, ne posset aliquando ad bellum faciendum locus ipse adhortari. mea quidem sententia paci, quae nihil habitura sit insidiarum, semper est consulendum. in quo si mihi esset obtemperatum, si non optimam, at aliquam rem publicam, quae nunc nulla est, haberemus. et cum iis, quos vi deviceris, consulendum est, tum ii, qui armis positis ad imperatorum fidem confugient, quamvis murum aries percusserit, recipiendi. in quo tantopere apud nostros iustitia culta est, ut ii, qui civitates aut nationes devictas bello in fidem recepissent, earum patroni essent more maiorum. (36) ac belli quidem aequitas sanctissime fetiali populi Romani iure perscripta est. ex quo intellegi potest nullum bellum esse iustum, nisi quod aut rebus repetitis geratur aut denuntiatum ante sit et indictum.

Der ältere Cato sorgte dafür, daß sein aus dem Heeresdienst entlassener Sohn nicht freiwillig am Kampfe teilnahm, ohne erneut vereidigt und somit wieder rechtens Soldat zu sein: ein Beispiel für die gewissenhafte Beachtung der Gesetze.

Versöhnlichkeit in der Sprache

(37) Equidem etiam illud animadverto, quod, qui proprio nomine perduellis esset, is hostis vocaretur, lenitate verbi rei tristitiam mitigatam. hostis enim apud maiores nostros is dicebatur, quem nunc peregrinum dicimus. indicant duodecim tabulae: AUT STATUS DIES CUM HOSTE, itemque ADVERSUS HOSTEM AETERNA AUCTORITAS. quid ad hanc mansuetudinem addi potest, eum, quicum bellum geras, tam molli nomine appellare? quamquam id nomen durius effecit iam vetustas; a peregrino enim recessit et proprie in eo, qui arma contra ferret, remansit.

Verschiedene Grade der Gegnerschaft

(38) Cum vero de imperio decertatur belloque quaeritur gloria, causas omnino subesse tamen oportet easdem, quas dixi paulo ante iustas causas esse bellorum. sed ea bella, quibus imperii proposita gloria est, minus acerbe gerenda sunt. ut enim, cum civiliter contendimus, aliter si est inimicus, aliter si competitor (cum altero certamen honoris et dignitatis est, cum altero capitis et famae), sic cum Celtiberis, cum Cimbris bellum ut cum inimicis gerebatur, uter esset, non uter imperaret, cum Latinis, Sabinis, Samnitibus, Poenis, Pyrrho de imperio dimicabatur.

38–40 Wahrhaft königlich handelte Pyrrhos: er ließ römische Kriegsgefangene frei, ohne das ihm angebotene Lösegeld zu nehmen; und in den Punischen Kriegen zeigten die Römer, daß sie die Treuepflicht auch einzelner Bürger dem Feinde gegenüber ernst nahmen.

(40) Maximum autem exemplum est iustitiae in hostem a maioribus nostris constitutum, cum a Pyrrho perfuga senatui est pollicitus se venenum regi daturum et eum necaturum. senatus et C. Fabricius eum Pyrrho dedit. ita ne hostis quidem et potentis et bellum ultro inferentis interitum cum scelere approbavit. (41) ac de bellicis quidem officiis satis dictum est.

Gerechtigkeit gegen Sklaven

Meminerimus autem etiam adversus infimos iustitiam esse servandam. est autem infima condicio et fortuna servorum, quibus non male praecipiunt, qui ita iubent uti ut mercennariis: operam exigendam, iusta praebenda.

Gewalt, Betrug und Heuchelei

Cum autem duobus modis, id est aut vi aut fraude, fiat iniuria, fraus quasi vulpeculae, vis leonis videtur; utrumque homine alienissimum, sed fraus odio digna maiore. totius autem iniustitiae nulla capitalior quam eorum, qui tum, cum maxime fallunt, id agunt, ut viri boni esse videantur. de iustitia satis dictum.

Rechtverstandene Wohltätigkeit

(42) Deinceps, ut erat propositum, de beneficentia ac de liberalitate dicatur, qua quidem nihil est naturae hominis accommodatius, sed habet multas cautiones. videndum est enim, primum ne obsit benignitas et iis ipsis, quibus benigne videbitur fieri, et ceteris, deinde ne maior benignitas sit quam facultates, tum ut pro dignitate cuique tribuatur; id enim est iustitiae fundamentum, ad quam haec referenda sunt omnia. nam et qui gratificantur

cuipiam, quod obsit illi, cui prodesse velle videantur, non benefici neque liberales, sed perniciosi assentatores iudicandi sunt, et qui aliis nocent, ut in alios liberales sint, in eadem sunt iniustitia, ut si in suam rem aliena convertant. (43) sunt autem multi et quidem cupidi splendoris et gloriae, qui eripiunt aliis, quod aliis largiantur, iique arbitrantur se beneficos in suos amicos visum iri, si locupletent eos quacumque ratione. id autem tantum abest officio, ut nihil magis officio possit esse contrarium. videndum est igitur, ut ea liberalitate utamur, quae prosit amicis, noceat nemini. quare L. Sullae, C. Caesaris pecuniarum translatio a iustis dominis ad alienos non debet liberalis videri; nihil est enim liberale, quod non idem iustum.

Berücksichtigung der eigenen Möglichkeiten

(44) Alter locus erat cautionis, ne benignitas maior esset quam facultates, quod, qui benigniores volunt esse, quam res patitur, primum in eo peccant, quod iniuriosi sunt in proximos; quas enim copias his et suppeditari aequius est et relinqui, eas transferunt ad alienos. inest autem in tali liberalitate cupiditas plerumque rapiendi et auferendi per iniuriam, ut ad largiendum suppetant copiae. videre etiam licet plerosque non tam natura liberales quam quadam gloria ductos, ut benefici videantur, facere multa, quae proficisci ab ostentatione magis quam a voluntate videantur. talis autem simulatio vanitati est coniunctior quam aut liberalitati aut honestati.

Wohltätigkeit nach Verdienst

(45) Tertium est propositum, ut in beneficentia dilectus esset dignitatis; in quo et mores eius erunt spectandi, in quem beneficium conferetur, et animus erga nos et

communitas ac societas vitae et ad nostras utilitates officia ante collata; quae ut concurrant omnia, optabile est; si minus, plures causae maioresque ponderis plus habebunt.

Nobody is Perfect

(46) Quoniam autem vivitur non cum perfectis hominibus planeque sapientibus, sed cum iis, in quibus praeclare agitur, si sunt simulacra virtutis, etiam hoc intellegendum puto, neminem omnino esse neglegendum, in quo aliqua significatio virtutis appareat, colendum autem esse ita quemque maxime, ut quisque maxime virtutibus his lenioribus erit ornatus, modestia, temperantia, hac ipsa, de qua multa iam dicta sunt, iustitia. nam fortis animus et magnus in homine non perfecto nec sapiente ferventior plerumque est, illae virtutes bonum virum videntur potius attingere. atque haec in moribus.

47–49 Die Zuneigung anderer für uns sollen wir nach ihrer Beständigkeit beurteilen. Anspruch auf unser Wohlwollen haben vor allem die, die uns lieben; keine Pflicht ist dringender als sich dankbar zu erweisen wie ein fruchtbarer Acker, der mehr hervorbringt, als er empfangen hat. Empfangene Freundlichkeiten sind nach ihren Motiven zu unterscheiden.

Wer da hat, dem wird gegeben werden

(49) Sed in collocando beneficio et in referenda gratia, si cetera paria sunt, hoc maxime officii est, ut quisque maxime opis indigeat, ita ei potissimum opitulari; quod contra fit a plerisque; a quo enim plurimum sperant, etiamsi ille iis non eget, tamen ei potissimum inserviunt.

Die Gemeinschaft aller Menschen

(50) Optime autem societas hominum coniunctioque servabitur, si, ut quisque erit coniunctissimus, ita in eum benignitatis plurimum conferetur. sed quae naturae principia sint communitatis et societatis humanae, repetendum videtur altius. est enim primum, quod cernitur in universi generis humani societate. eius autem vinculum est ratio et oratio, quae docendo, discendo, communicando, disceptando, iudicando conciliat inter se homines coniungitque naturali quadam societate, neque ulla re longius absumus a natura ferarum, in quibus inesse fortitudinem saepe dicimus (ut in equis, in leonibus), iustitiam, aequitatem, bonitatem non dicimus; sunt enim rationis et orationis expertes. (51) ac latissime quidem patens hominibus inter ipsos, omnibus inter omnes societas haec est; in qua omnium rerum, quas ad communem hominum usum natura genuit, est servanda communitas, ut, quae discripta sunt legibus et iure civili, haec ita teneantur, ut sit constitutum legibus ipsis, cetera sic observentur, ut in Graecorum proverbio est, amicorum esse communia omnia. omnium autem communia hominum videntur ea, quae sunt generis eius, quod ab Ennio positum in una re transferri in permultas potest:

,Homó, qui erranti cómiter monstrát viam,
Quasi lúmen de suo lúmine accendát, facit.
Nihiló minus ipsi lúcet, cum illi accénderit.'

una ex re satis praecipit, ut, quidquid sine detrimento commodari possit, id tribuatur vel ignoto. (52) ex quo sunt illa communia: non prohibere aqua profluente, pati ab igne ignem capere, si qui velit, consilium fidele deliberanti dare; quae sunt iis utilia, qui accipiunt, danti non molesta. quare et his utendum est et semper aliquid ad communem utilitatem afferendum. sed quoniam copiae parvae singulorum sunt, eorum autem, qui his egeant, infinita est multitudo, vulgaris liberalitas referenda est ad illum Ennii finem ‚nihilo minus ipsi lucet', ut facultas sit, qua in nostros simus liberales.

Mitbürger und Blutsverwandte

(53) Gradus autem plures sunt societatis hominum. ut enim ab illa infinita discedatur, propior est eiusdem gentis, nationis, linguae, qua maxime homines coniunguntur. interius etiam est eiusdem esse civitatis; multa enim sunt civibus inter se communia: forum, fana, porticus, viae, leges, iura, iudicia, suffragia, consuetudines praeterea et familiaritates multisque cum multis res rationesque contractae. artior vero colligatio est societatis propinquorum; ab illa enim immensa societate humani generis in exiguum angustumque concluditur. (54) nam cum sit hoc natura commune animantium, ut habeant libidinem procreandi, prima societas in ipso coniugio est, proxima in liberis, deinde una domus, communia omnia; id autem est principium urbis et quasi seminarium rei publicae. sequuntur fratrum coniunctiones, post consobrinorum sobrinorumque, qui cum una domo iam capi non possint, in alias domos tamquam in colonias exeunt. sequuntur conubia et affinitates, ex quibus etiam plures propinqui; quae propagatio et suboles origo est rerum publicarum. sanguinis autem coniunctio et benevolentia devincit homines et caritate; (55) magnum est enim eadem habere monumenta maiorum, iisdem uti sacris, sepulcra habere communia.

Freundschaft unter guten Menschen

Sed omnium societatum nulla praestantior est, nulla firmior, quam cum viri boni moribus similes sunt familiaritate coniuncti; illud enim honestum, quod saepe dicimus, etiam si in alio cernimus, tamen nos movet atque illi, in quo id inesse videtur, amicos facit. (56) et quamquam omnis virtus nos ad se allicit facitque, ut eos diligamus, in quibus ipsa inesse videatur, tamen iustitia et liberalitas id maxime efficit. nihil autem est amabilius nec copulatius quam morum similitudo bonorum; in quibus enim eadem studia sunt, eaedem voluntates, in iis fit, ut aeque quisque altero delectetur ac se ipso, efficiturque id, quod Pythagoras vult in amicitia, ut unus fiat ex pluribus. magna etiam illa communitas est, quae conficitur ex beneficiis ultro et citro datis acceptis; quae et mutua et grata dum sunt, inter quos ea sunt, firma devinciuntur societate.

Vergleich sozialer Verpflichtungen

(57) Sed cum omnia ratione animoque lustraris, omnium societatum nulla est gravior, nulla carior quam ea, quae cum re publica est unicuique nostrum. cari sunt parentes, cari liberi, propinqui, familiares, sed omnes omnium caritates patria una complexa est, pro qua quis bonus dubitet mortem oppetere, si ei sit profuturus? quo est detestabilior istorum immanitas, qui lacerarunt omni scelere patriam et in ea funditus delenda occupati et sunt et fuerunt.

(58) Sed si contentio quaedam et comparatio fiat, quibus plurimum tribuendum sit officii, principes sint patria et parentes, quorum beneficiis maximis obligati sumus, proximi liberi totaque domus, quae spectat in nos solos neque aliud ullum potest habere perfugium, deinceps bene convenientes propinqui, quibuscum communis etiam fortuna plerumque est. quam ob rem necessaria praesidia vitae debentur his maxime, quos ante dixi; vita autem victusque communis, consilia, sermones, cohortationes, consolationes, interdum etiam obiurgationes in

amicitiis vigent maxime estque ea iucundissima amicitia, quam similitudo morum coniugavit.

59–60 Bei aller Pflichterfüllung kommt es auf den einzelnen Fall an, wobei die zwischenmenschlichen Beziehungen einer anderen Ordnung folgen als die Zeitumstände. Ärzte, Feldherren und Redner leisten nur dann Anerkennenswertes, wenn sie ihr Fach nicht nur theoretisch beherrschen; ebenso bedarf das pflichtgemäße Handeln nicht nur solcher Vorschriften, sondern auch der praktischen Erfahrung.

3. Tapferkeit und Seelengröße

Die Wertschätzung der Tapferkeit

(61) Intellegendum autem est, cum proposita sint genera quattuor, e quibus honestas officiumque manaret, splendidissimum videri, quod animo magno elatoque humanasque res despiciente factum sit. itaque in probris maxime in promptu est, si quid tale dici potest:
,Vós enim iuvenes ánimum geritis múliebrem, illa virgó viri'
et si quid eiusmodi:
,Salmácida, spolia síne sudore et sánguine'.
contraque in laudibus, quae magno animo et fortiter excellenterque gesta sunt, ea nescio quomodo quasi pleniore ore laudamus. hinc rhetorum campus de Marathone, Salamine, Plataeis, Thermopylis, Leuctris, hinc noster Cocles, hinc Decii, hinc Cn. et P. Scipiones, hinc M. Marcellus, innumerabiles alii, maximeque ipse populus Romanus animi magnitudine excellit. declaratur autem studium bellicae gloriae, quod statuas quoque videmus ornatu fere militari.

Tapferkeit muß dem Recht dienen

(62) Sed ea animi elatio, quae cernitur in periculis et laboribus, si iustitia vacat pugnatque non pro salute communi, sed pro suis commodis, in vitio est; non modo enim id virtutis non est, sed est potius immanitatis omnem humanitatem repellentis. itaque probe definitur a Stoicis fortitudo, cum eam virtutem esse dicunt propugnantem pro aequitate. quocirca nemo, qui fortitudinis gloriam consecutus est insidiis et malitia, laudem est adeptus; nihil enim honestum esse potest, quod iustitia vacat. (63) praeclarum igitur illud Platonis: ‚Non‘, inquit, ‚solum scientia, quae est remota ab iustitia, calliditas potius quam sapientia est appellanda, verum etiam animus paratus ad periculum, si sua cupiditate, non utilitate communi impellitur, audaciae potius nomen habeat quam fortitudinis‘. itaque viros fortes et magnanimos eosdem bonos et simplices, veritatis amicos minimeque fallaces esse volumus; quae sunt ex media laude iustitiae.

Hochsinn und Ehrgeiz

(64) Sed illud odiosum est, quod in hac elatione et magnitudine animi facillime pertinacia et nimia cupiditas principatus innascitur. ut enim apud Platonem est omnem morem Lacedaemoniorum inflammatum esse cupiditate vincendi, sic, ut quisque animi magnitudine maxime excellet, ita maxime vult princeps omnium vel potius solus esse. difficile autem est, cum praestare omnibus concupieris, servare aequitatem, quae est iustitiae maxime propria. ex quo fit, ut neque disceptatione vinci se nec ullo publico ac legitimo iure patiantur, exsistuntque in re publica plerumque largitores et factiosi, ut opes quam maximas consequantur et sint vi potius superiores quam iustitia pares. sed quo difficilius, hoc praeclarius; nullum

enim est tempus, quod iustitia vacare debeat. (65) fortes igitur et magnanimi sunt habendi, non qui faciunt, sed qui propulsant iniuriam. vera autem et sapiens animi magnitudo honestum illud, quod maxime natura sequitur, in factis positum, non in gloria iudicat principemque se esse mavult quam videri. etenim qui ex errore imperitae multitudinis pendet, hic in magnis viris non est habendus. facillime autem ad res iniustas impellitur, ut quisque altissimo animo est, gloriae cupiditate; qui locus est sane lubricus, quod vix invenitur, qui laboribus susceptis periculisque aditis non quasi mercedem rerum gestarum desideret gloriam.

66–67 Hohe Gesinnung erkennt man einmal an der Verachtung äußerer Güter und an der Überzeugung, daß man sich weder einem Menschen noch einer Leidenschaft (perturbatio animi) noch dem Schicksal unterwerfen dürfe, zum andern an bedeutenden, nützlichen, unter Mühen und Gefahren vollbrachten Leistungen. Es erfordert Mut, das, was den meisten großartig erscheint, gering zu achten und das, was bitter erscheint, zu ertragen, ohne dem eigenen Wesen oder der Würde des Weisen untreu zu werden.

Charakter verpflichtet

(68) Non est autem consentaneum, qui metu non frangatur, eum frangi cupiditate nec, qui invictum se a labore praestiterit, vinci a voluptate. quam ob rem et haec vitanda et pecuniae fugienda cupiditas; nihil enim est tam angusti animi tamque parvi quam amare divitias, nihil honestius magnificentiusque quam pecuniam contemnere, si non habeas, si habeas, ad beneficentiam liberalitatemque conferre. cavenda etiam est gloriae cupiditas, ut supra dixi; eripit enim libertatem, pro qua magnanimis viris omnis debet esse contentio. nec vero imperia expe-

tenda ac potius aut non accipienda interdum aut deponenda nonnumquam. (69) vacandum autem omni est animi perturbatione, cum cupiditate et metu, tum etiam aegritudine et voluptate animi et iracundia, ut tranquillitas animi et securitas adsit, quae affert cum constantiam tum etiam dignitatem.

Entscheidung zwischen res publica und otium

Multi autem et sunt et fuerunt, qui eam, quam dico, tranquillitatem expetentes a negotiis publicis se removerint ad otiumque perfugerint; in his et nobilissimi philosophi longeque principes et quidam homines severi et graves nec populi nec principum mores ferre potuerunt vixeruntque nonnulli in agris delectati re sua familiari. (70) his idem propositum fuit quod regibus, ut ne qua re egerent, ne cui parerent, libertate uterentur, cuius proprium est sic vivere, ut velis. quare cum hoc commune sit potentiae cupidorum cum his, quos dixi, otiosis, alteri se adipisci id posse arbitrantur, si opes magnas habeant, alteri, si contenti sint et suo et parvo. in quo neutrorum omnino contemnenda sententia est, sed et facilior et tutior et minus aliis gravis aut molesta vita est otiosorum, fructuosior autem hominum generi et ad claritatem amplitudinemque aptior eorum, qui se ad rem publicam et ad magnas res gerendas accommodaverunt.

(71) Quapropter et iis forsitan concedendum sit rem publicam non capessentibus, qui excellenti ingenio doctrinae sese dediderunt, et iis, qui aut valetudinis imbecillitate aut aliqua graviore causa impediti a re publica recesserunt, cum eius administrandae potestatem aliis laudemque concederent. quibus autem talis nulla sit causa, si despicere se dicant ea, quae plerique mirentur, imperia et magistratus, iis non modo non laudi, verum etiam vitio dandum puto; quorum iudicium in eo, quod gloriam

contemnant et pro nihilo putent, difficile factu est non probare, sed videntur labores et molestias, tum offensionum et repulsarum quasi quandam ignominiam timere et infamiam. sunt enim, qui in rebus contrariis parum sibi constent, voluptatem severissime contemnant, in dolore sint molliores, gloriam neglegant, frangantur infamia, atque ea quidem non satis constanter.

(72) Sed iis, qui habent a natura adiumenta rerum gerendarum, abiecta omni cunctatione adipiscendi magistratus et gerenda res publica est; nec enim aliter aut regi civitas aut declarari animi magnitudo potest. capessentibus autem rem publicam nihil minus quam philosophis, haud scio an magis etiam, et magnificentia et despicientia adhibenda sit rerum humanarum, quam saepe dico, et tranquillitas animi atque securitas, si quidem nec anxii futuri sunt et cum gravitate constantiaque victuri. (73) quae faciliora sunt philosophis, quo minus multa patent in eorum vita, quae fortuna feriat, et quo minus multis rebus egent et quia, si quid adversi eveniat, tam graviter cadere non possunt. quocirca non sine causa maiores motus animorum concitantur maioraque ⟨studia⟩ efficiendi rem publicam gerentibus quam quietis, quo magis iis et magnitudo est animi adhibenda et vacuitas ab angoribus. ad rem gerendam autem qui accedit, caveat, ne id modo consideret, quam illa res honesta sit, sed etiam ut habeat efficiendi facultatem; in quo ipso considerandum est, ne aut temere desperet propter ignaviam aut nimis confidat propter cupiditatem. in omnibus autem negotiis, priusquam aggrediare, adhibenda est praeparatio diligens.

Die Tapferkeit des Kriegers und der Mut des Bürgers

(74) Sed cum plerique arbitrentur res bellicas maiores esse quam urbanas, minuenda est haec opinio. multi enim bella saepe quaesiverunt propter gloriae cupiditatem,

atque id in magnis animis ingeniisque plerumque contingit, eoque magis, si sunt ad rem militarem apti et cupidi bellorum gerendorum; vere autem si volumus iudicare, multae res exstiterunt urbanae maiores clarioresque quam bellicae.

75–76 So hat Solon mit der Einsetzung des Areopags nicht weniger für Athen geleistet als Themistokles mit dem Seesieg von Salamis: militärische Erfolge werden einmal errungen, politische Institutionen auf Dauer begründet. Die Feldherren Pausanias und Lysander hätten die Macht Spartas nicht erweitern können, wenn in ihren Heeren nicht jene Disziplin geherrscht hätte, die auf den Gesetzen des Lykurgos beruhte.

Mihi quidem neque pueris nobis M. Scaurus C. Mario neque, cum versaremur in re publica, Q. Catulus Cn. Pompeio cedere videbatur; parvi enim sunt foris arma, nisi est consilium domi. nec plus Africanus, singularis et vir et imperator, in exscindenda Numantia rei publicae profuit quam eodem tempore P. Nasica privatus, cum Ti. Gracchum interemit; quamquam haec quidem res non solum ex domestica est ratione (attingit etiam bellicam, quoniam vi manuque confecta est), sed tamen id ipsum est gestum consilio urbano sine exercitu.

Das Beispiel Ciceros

(77) Illud autem optimum est, in quod invadi solere ab improbis et invidis audio:
‚Cédant árma togaé, concédat laúrea laúdi.'
ut enim alios omittam, nobis rem publicam gubernantibus nonne togae arma cesserunt? neque enim periculum in re publica fuit gravius umquam nec maius otium. ita consiliis diligentiaque nostra celeriter de manibus audacissimorum civium delapsa arma ipsa ceciderunt. quae res igitur gesta umquam in bello tanta? qui triumphus confe-

rendus? (78) licet enim mihi, M. fili, apud te gloriari, ad quem et hereditas huius gloriae et factorum imitatio pertinet. mihi quidem certe vir abundans bellicis laudibus, Cn. Pompeius, multis audientibus hoc tribuit, ut diceret frustra se triumphum tertium deportaturum fuisse, nisi meo in rem publicam beneficio, ubi triumpharet, esset habiturus. sunt igitur domesticae fortitudines non inferiores militaribus; in quibus plus etiam quam in his operae studiique ponendum est.

Mut und Vernunft

(79) Omnino illud honestum, quod ex animo excelso magnificoque quaerimus, animi efficitur, non corporis viribus. exercendum tamen corpus et ita afficiendum est, ut oboedire consilio rationique possit in exsequendis negotiis et in labore tolerando. honestum autem id, quod exquirimus, totum est positum in animi cura et cogitatione; in quo non minorem utilitatem afferunt, qui togati rei publicae praesunt, quam qui bellum gerunt. itaque eorum consilio saepe aut non suscepta aut confecta bella sunt, nonnumquam etiam illata, ut M. Catonis bellum tertium Punicum, in quo etiam mortui valuit auctoritas. (80) qua re expetenda quidem magis est decernendi ratio quam decertandi fortitudo, sed cavendum, ne id bellandi magis fuga quam utilitatis ratione faciamus. bellum autem ita suscipiatur, ut nihil aliud nisi pax quaesita videatur.

Fortis vero animi et constantis est non perturbari in rebus asperis nec tumultuantem de gradu deici, ut dicitur, sed praesenti animo uti et consilio nec a ratione discedere. (81) quamquam hoc animi, illud etiam ingenii magni est, praecipere cogitatione futura et aliquanto ante constituere, quid accidere possit in utramque partem et quid agendum sit, cum quid evenerit, nec committere, ut aliquando dicendum sit: ,Non putaram.' haec sunt opera magni animi et excelsi et prudentia consilioque fidentis; temere autem in acie versari et manu cum hoste confligere immane quiddam et beluarum simile est; sed cum tempus necessitasque postulat, decertandum manu est et mors servituti turpitudinique anteponenda.

82–84 Gefahren sollen wir weder ängstlich meiden noch leichtfertig aufsuchen; und wir sollten eher uns selbst als das Gemeinwesen gefährden. Vielen fällt es leichter, Leben und Eigentum dem Gemeinwohl zu opfern als den persönlichen Ruhm.

Quanto Q. Maximus melius, de quo Ennius:

,Únus homó nobís cunctándo réstituít rem;

Nón enim rúmorés ponébat ánte salútem.

Érgo póstque magísque virí nunc glória cláret.'

quod genus peccandi vitandum est etiam in rebus urbanis. sunt enim, qui, quod sentiunt, etsi optimum sit, tamen invidiae metu non audent dicere.

Pflichten der Staatsmänner

(85) Omnino qui rei publicae praefuturi sunt, duo Platonis praecepta teneant: unum, ut utilitatem civium sic tueantur, ut, quaecumque agunt, ad eam referant obliti commodorum suorum, alterum, ut totum corpus rei publicae curent, ne, dum partem aliquam tuentur, reliquas deserant. ut enim tutela, sic procuratio rei publicae ad eorum utilitatem, qui commissi sunt, non ad eorum, quibus commissa est, gerenda est. qui autem parti civium consulunt, partem neglegunt, rem perniciosissimam in civitatem inducunt, seditionem atque discordiam; ex quo evenit, ut alii populares, alii studiosi optimi cuiusque videantur, pauci universorum. (86) hinc apud Athenienses magnae discordiae, in nostra re publica non solum seditiones, sed etiam pestifera bella civilia; quae gravis et fortis civis et in re publica dignus principatu fugiet atque

oderit tradetque se totum rei publicae neque opes aut potentiam consectabitur totamque eam sic tuebitur, ut omnibus consulat. nec vero criminibus falsis in odium aut invidiam quemquam vocabit omninoque ita iustitiae honestatique adhaerescet, ut, dum ea conservet, quamvis graviter offendat mortemque oppetat potius quam deserat illa, quae dixi. (87) miserrima omnino est ambitio honorumque contentio, de qua praeclare apud eundem est Platonem ‚similiter facere eos, qui inter se contenderent, uter potius rem publicam administraret, ut si nautae certarent, quis eorum potissimum gubernaret'. idemque praecipit, ut ‚eos adversarios existimemus, qui arma contra ferant, non eos, qui suo iudicio tueri rem publicam velint'; qualis fuit inter P. Africanum et Q. Metellum sine acerbitate dissensio.

88–92 Politischen Feinden soll der hochgesinnte, energische Mann nicht mit Zorn, sondern mit Versöhnlichkeit begegnen. Demokratie und Rechtsgleichheit verlangen vom Staatsmann ein gewinnendes Wesen, Geduld und Selbstbeherrschung. Zur Verwaltung eines Gemeinwesens gehört Nachsicht, aber auch Strenge. Strafe darf weder entwürdigend noch unangemessen hoch sein. Auch Glück muß mit Fassung ertragen werden; je höher wir stehen, desto bescheidener sollten wir auftreten. Der jüngere Scipio verglich, wie sein Lehrer und Freund Panaitios berichtet, vom Glück verwöhnte, zügellos gewordene Menschen mit verwilderten Pferden: so, wie diese Tierbändigern anvertraut werden, soll man jene in den „Longierzirkel (die Trainingsbahn) der Philosophie" (gyrus rationis et doctrinae) führen. Gerade im höchsten Glück braucht man Freunde, nicht Schmeichler. Seelengröße bewährt sich vornehmlich in der Politik; denn der Einfluß der Staatenlenker reicht am weitesten. Hochherzige Menschen können aber auch ein zurückgezogenes Leben (vita otiosa) führen; diese widmen sich der Philosophie oder dem Genuß ihres Privatbesitzes, der freilich auf ehrenhafte Weise erworben, behutsam vermehrt und auch zu wohltätigen Zwecken genutzt werden muß.

4. Besonnenheit und Anstand

Der Begriff des Schicklichen

(93) Sequitur, ut de una reliqua parte honestatis dicendum sit, in qua verecundia et quasi quidam ornatus vitae, temperantia et modestia omnisque sedatio perturbationum animi et rerum modus cernitur. hoc loco continetur id, quod dici Latine decorum potest, Graece enim πρέπον (prépon) dicitur. huius vis ea est, ut ab honesto non queat separari; (94) nam et, quod decet, honestum est et, quod honestum est, decet; qualis autem differentia sit honesti et decori, facilius intellegi quam explanari potest. quidquid est enim, quod deceat, id tum apparet, cum antegressa est honestas. itaque non solum in hac parte honestatis, de qua hoc loco disserendum est, sed etiam in tribus superioribus, quid deceat, apparet. nam et ratione uti atque oratione prudenter et agere, quod agas, considerate omnique in re, quid sit veri, videre et tueri decet, contraque falli, errare, labi, decipi tam dedecet quam delirare et mente esse captum; et iusta omnia decora sunt, iniusta contra, ut turpia, sic indecora. similis est ratio fortitudinis. quod enim viriliter animoque magno fit, id dignum viro et decorum videtur, quod contra, id ut turpe, sic indecorum. (95) quare pertinet quidem ad omnem honestatem hoc, quod dico, decorum, et ita pertinet, ut non recondita quadam ratione cernatur, sed sit in promptu. est enim quiddam idque intellegitur in omni virtute, quod deceat; quod cogitatione magis a virtute potest quam re separari. ut venustas et pulchritudo corporis secerni non potest a

valetudine, sic hoc, de quo loquimur, decorum totum illud quidem est cum virtute confusum, sed mente et cogitatione distinguitur.

(96) Est autem eius descriptio duplex; nam et generale quoddam decorum intellegimus, quod in omni honestate versatur, et aliud huic subiectum, quod pertinet ad singulas partes honestatis. atque illud superius sic fere definiri solet, decorum id esse, quod consentaneum sit hominis excellentiae in eo, in quo natura eius a reliquis animantibus differat. quae autem pars subiecta generi est, eam sic definiunt, ut id decorum velint esse, quod ita naturae consentaneum sit, ut in eo moderatio et temperantia appareat cum specie quadam liberali.

97–99 Anstand bedeutet rollengerechtes Verhalten. Dichter beachten die Schicklichkeit, indem sie die einzelnen Personen ihrem Charakter gemäß reden und handeln lassen. Dem Menschen hat die Natur selbst die Rolle zugewiesen, Charakterfestigkeit und Mäßigung, Selbstbeherrschung und Zartgefühl zu zeigen. Wie körperliche Schönheit durch den Eindruck der Stimmigkeit das Auge erfreut, so findet Anstand die Zustimmung der Mitmenschen durch Ordnung und Folgerichtigkeit in Wort und Tat. Gleichgültigkeit gegen das Urteil anderer verrät Anmaßung und Leichtsinn. Die Gerechtigkeit verlangt, die Rechte anderer zu achten, das Zartgefühl, in dem das Wesen des Anstands deutlich wird, verbietet es, anderen wehzutun.

His igitur expositis, quale sit id, quod decere dicimus, intellectum puto.

Pflichten aufgrund der Beachtung des Geziemenden

(100) Officium autem, quod ab eo ducitur, hanc primum habet viam, quae deducit ad convenientiam conservationemque naturae; quam si sequemur ducem, numquam aberrabimus sequemurque et id, quod acutum et

perspicax natura est, et id, quod ad hominum consociationem accommodatum, et id, quod vehemens atque forte. sed maxima vis decori in hac inest parte, de qua disputamus; neque enim solum corporis, qui ad naturam apti sunt, sed multo etiam magis animi motus probandi, qui item ad naturam accommodati sunt. (101) duplex est enim vis animorum atque naturae: una pars in appetitu posita est, quae est ὁρμή (hormḗ) Graece, quae hominem huc et illuc rapit, altera in ratione, quae docet et explanat, quid faciendum fugiendumque sit. ita fit, ut ratio praesit, appetitus obtemperet. omnis autem actio vacare debet temeritate et neglegentia nec vero agere quicquam, cuius non possit causam probabilem reddere; haec est enim fere descriptio officii. (102) efficiendum autem est, ut appetitus rationi oboediant eamque neque praecurrant nec propter pigritiam aut ignaviam deserant sintque tranquilli atque omni animi perturbatione careant; ex quo elucebit omnis constantia omnisque moderatio. nam qui appetitus longius evagantur et tamquam exsultantes sive cupiendo sive fugiendo non satis a ratione retinentur, ii sine dubio finem et modum transeunt; relinquunt enim et abiciunt oboedientiam nec rationi parent, cui sunt subiecti lege naturae; a quibus non modo animi perturbantur, sed etiam corpora. licet ora ipsa cernere iratorum aut eorum, qui aut libidine aliqua aut metu commoti sunt aut voluptate nimia gestiunt; quorum omnium vultus, voces, motus statusque mutantur. (103) ex quibus illud intellegitur, ut ad officii formam revertamur, appetitus omnes contrahendos sedandosque esse excitandamque animadversionem et diligentiam, ut ne quid temere ac fortuito, inconsiderate neglegenterque agamus.

Spiel und Scherz

Neque enim ita generati a natura sumus, ut ad ludum et iocum facti esse videamur, ad severitatem potius et ad quaedam studia graviora atque maiora. ludo autem et ioco uti illo quidem licet, sed sicut somno et quietibus ceteris tum, cum gravibus seriisque rebus satis fecerimus. ipsumque genus iocandi non profusum nec immodestum, sed ingenuum et facetum esse debet. ut enim pueris non omnem ludendi licentiam damus, sed eam, quae ab honestatis actionibus non sit aliena, sic in ipso ioco aliquod probi ingenii lumen eluceat. (104) duplex omnino est iocandi genus, unum illiberale, petulans, flagitiosum, obscenum, alterum elegans, urbanum, ingeniosum, facetum. quo genere non modo Plautus noster et Atticorum antiqua comoedia, sed etiam philosophorum Socraticorum libri referti sunt, multaque multorum facete dicta, ut ea, quae a sene Catone collecta sunt, quae vocant ἀπο-φθέγματα (apophthégmata). facilis igitur est distinctio ingenui et illiberalis ioci. alter est, si tempore fit, ut si remisso animo, ⟨gravissimo⟩ homine dignus, alter ne libero quidem, si rerum turpitudini adhibetur verborum obscenitas. ludendi etiam est quidam modus retinendus, ut ne nimis omnia profundamus elatique voluptate in aliquam turpitudinem delabamur. suppeditant autem et campus noster et studia venandi honesta exempla ludendi.

Lust und Vergnügen

(105) Sed pertinet ad omnem officii quaestionem semper in promptu habere, quantum natura hominis pecudibus reliquisque beluis antecedat; illae nihil sentiunt nisi voluptatem ad eamque feruntur omni impetu, hominis autem mens discendo alitur et cogitando, semper aliquid aut anquirit aut agit videndique et audiendi delectatione ducitur. quin etiam, si quis est paulo ad voluptates propensior, modo ne sit ex pecudum genere (sunt enim

quidam homines non re, sed nomine), sed si quis est paulo erectior, quamvis voluptate capiatur, occultat et dissimulat appetitum voluptatis propter verecundiam. (106) ex quo intellegitur corporis voluptatem non satis esse dignam hominis praestantia eamque contemni et reici oportere; sin sit quispiam, qui aliquid tribuat voluptati, diligenter ei tenendum esse eius fruendae modum. itaque victus cultusque corporis ad valetudinem referatur et ad vires, non ad voluptatem. atque etiam si considerare volemus, quae sit in natura excellentia et dignitas, intellegemus, quam sit turpe diffluere luxuria et delicate ac molliter vivere quamque honestum parce, continenter, severe, sobrie.

Die Verschiedenheit der Charaktere (Rollentheorie)

(107) Intellegendum etiam est duabus quasi nos a natura indutos esse personis; quarum una communis est ex eo, quod omnes participes sumus rationis praestantiaeque eius, qua antecellimus bestiis, a qua omne honestum decorumque trahitur et ex qua ratio inveniendi officii exquiritur, altera autem, quae proprie singulis est tributa. ut enim in corporibus magnae dissimilitudines sunt (alios videmus velocitate ad cursum, alios viribus ad luctandum valere, itemque in formis aliis dignitatem inesse, aliis venustatem), sic in animis exsistunt maiores etiam varietates. (108) erat in L. Crasso, in L. Philippo multus lepos, maior etiam magisque de industria in C. Caesare L. filio; at isdem temporibus in M. Scauro et in M. Druso adulescente singularis severitas, in C. Laelio multa hilaritas, in eius familiari Scipione ambitio maior, vita tristior. de Graecis autem dulcem et facetum festivique sermonis atque in omni oratione simulatorem, quem εἴρωνα (eírōna) Graeci nominarunt, Socratem accepimus, contra

Pythagoram et Periclem summam auctoritatem consecutos sine ulla hilaritate. callidum Hannibalem ex Poenorum, ex nostris ducibus Q. Maximum accepimus, facile celare, tacere, dissimulare, insidiari, praeripere hostium consilia. in quo genere Graeci Themistoclem et Pheraeum Iasonem ceteris anteponunt; in primisque versutum et callidum factum Solonis, qui, quo et tutior eius vita esset et plus aliquanto rei publicae prodesset, furere se simulavit. (109) sunt his alii multum dispares, simplices et aperti, qui nihil ex occulto, nihil de insidiis agendum putant, veritatis cultores, fraudis inimici, itemque alii, qui quidvis perpetiantur, cuivis deserviant, dum, quod velint, consequantur, ut Sullam et M. Crassum videbamus. quo in genere versutissimum et patientissimum Lacedaemonium Lysandrum accepimus contraque Callicratidam, qui praefectus classis proximus post Lysandrum fuit; itemque in sermonibus callidum quemque, quamvis praepotens sit, efficere, ut unus de multis esse videatur; quod in Catulo, et in patre et in filio, idemque in Q. Mucio Mancia vidimus. audivi ex maioribus natu hoc idem fuisse in P. Scipione Nasica contraque patrem eius, illum qui Ti. Gracchi conatus perditos vindicavit, nullam comitatem habuisse sermonis (ne Xenocratem quidem, severissimum philosophorum), ob eamque rem ipsam magnum et clarum fuisse. innumerabiles aliae dissimilitudines sunt naturae morumque, minime tamen vituperandorum.

Persönlichkeit und Lebensführung

(110) Admodum autem tenenda sunt sua cuique non vitiosa, sed tamen propria, quo facilius decorum illud, quod quaerimus, retineatur. sic enim est faciendum, ut contra universam naturam nihil contendamus, ea tamen conservata propriam nostram sequamur, ut, etiamsi sint alia graviora atque meliora, tamen nos studia nostra

nostrae naturae regula metiamur; neque enim attinet naturae repugnare nec quicquam sequi, quod assequi non queas. ex quo magis emergit, quale sit decorum illud, ideo quia nihil decet invita Minerva, ut aiunt, id est adversante et repugnante natura. (111) omnino si quicquam est decorum, nihil est profecto magis quam aequabilitas universae vitae, tum singularum actionum, quam conservare non possis, si aliorum naturam imitans omittas tuam. ut enim sermone eo debemus uti, qui natus est nobis, ne ut quidam Graeca verba inculcantes iure optimo rideamur, sic in actiones omnemque vitam nullam discrepantiam conferre debemus. (112) atque haec differentia naturarum tantam habet vim, ut nonnumquam mortem sibi ipse consciscere alius debeat, alius in eadem causa non debeat. num enim alia in causa M. Cato fuit, alia ceteri, qui se in Africa Caesari tradiderunt? atqui ceteris forsitan vitio datum esset, si se interemissent, propterea quod lenior eorum vita et mores fuerant faciliores; Catoni cum incredibilem tribuisset natura gravitatem eamque ipse perpetua constantia roboravisset semperque in proposito susceptoque consilio permansisset, moriendum potius quam tyranni vultus aspiciendus fuit. (113) quam multa passus est Ulixes in illo errore diuturno, cum et mulieribus – si Circe et Calypso mulieres appellandae sunt – inserviret et in omni sermone omnibus affabilem et iucundum esse se vellet! domi vero etiam contumelias servorum ancillarumque pertulit, ut ad id aliquando, quod cupiebat, veniret. at Aiax, quo animo traditur, milies oppetere mortem quam illa perpeti maluisset. quae contemplantes expendere oportebit, quid quisque habeat sui, eaque moderari nec velle experiri, quam se aliena deceant; id enim maxime quemque decet, quod est cuiusque maxime. (114) suum quisque igitur noscat ingenium acremque se et bonorum et vitiorum suorum iudicem praebeat, ne scaenici plus quam nos videantur habere prudentiae. illi enim non optimas, sed sibi accommodatissimas fabulas eligunt; qui voce freti sunt, Epigonos Medumque, qui gestu, Melanippam, Clytemestram; semper Rupilius, quem ego memini, Antiopam, non saepe Aesopus Aiacem. ergo histrio hoc videbit in scaena, non videbit sapiens vir in vita? ad quas igitur res aptissimi erimus, in iis potissimum elaborabimus. sin aliquando necessitas nos ad ea detruserit, quae nostri ingenii non erunt, omnis adhibenda erit cura, meditatio, diligentia, ut ea, si non decore, at quam minime indecore facere possimus; nec tam est enitendum, ut bona, quae nobis data non sint, sequamur, quam ut vitia fugiamus.

Äußere Umstände und persönliche Entscheidung (Rollentheorie)

(115) Ac duabus iis personis, quas supra dixi, tertia adiungitur, quam casus aliqui aut tempus imponit, quarta etiam, quam nobismet ipsi iudicio nostro accommodamus. nam regna, imperia, nobilitas, honores, divitiae, opes eaque, quae sunt his contraria, in casu sita temporibus gubernantur; ipsi autem gerere quam personam velimus, a nostra voluntate proficiscitur. itaque se alii ad philosophiam, alii ad ius civile, alii ad eloquentiam applicant, ipsarumque virtutum in alia alius mavult excellere. (116) quorum vero patres aut maiores aliqua gloria praestiterunt, ii student plerumque eodem in genere laudis excellere, ut Q. Mucius P. f. in iure civili, Paulli filius Africanus in re militari. quidam autem ad eas laudes, quas a patribus acceperunt, addunt aliquam suam, ut hic idem Africanus eloquentia cumulavit bellicam gloriam; quod idem fecit Timotheus Cononis filius, qui cum belli laude non inferior fuisset quam pater, ad eam laudem doctrinae et ingenii gloriam adiecit. fit autem interdum, ut nonnulli omissa imitatione maiorum suum quoddam institutum

consequantur maximeque in eo plerumque elaborant ii, qui magna sibi proponunt obscuris orti maioribus.

Die Wahl des Lebensweges in der Jugend

(117) Haec igitur omnia, cum quaerimus, quid deceat, complecti animo et cogitatione debemus; in primis autem constituendum est, quos nos et quales esse velimus et in quo genere vitae, quae deliberatio est omnium difficillima. ineunte enim adulescentia, cum est maxima imbecillitas consilii, tum id sibi quisque genus aetatis degendae constituit, quod maxime adamavit; itaque ante implicatur aliquo certo genere cursuque vivendi, quam potuit, quod optimum esset, iudicare. (118) nam quod Herculem Prodicus dicit, ut est apud Xenophontem, cum primum pubesceret (quod tempus a natura ad deligendum, quam quisque viam vivendi sit ingressurus, datum est), exisse in solitudinem atque ibi sedentem diu secum multumque dubitasse, cum duas cerneret vias, unam Voluptatis, alteram Virtutis, utram ingredi melius esset, hoc Herculi, Iovis satu edito, potuit fortasse contingere, nobis non idem, qui imitamur, quos cuique visum est, atque ad eorum studia institutaque impellimur. plerumque autem parentium praeceptis imbuti ad eorum consuetudinem moremque deducimur; alii multitudinis iudicio feruntur, quaeque maiori parti pulcherrima videntur, ea maxime exoptant; nonnulli tamen sive felicitate quadam sive bonitate naturae sine parentium disciplina rectam vitae secuti sunt viam.

Veranlagung und Beruf – Beständigkeit und Wechsel der Lebensform

(119) Illud autem maxime rarum genus est eorum, qui aut excellenti ingenii magnitudine aut praeclara eruditione atque doctrina aut utraque re ornati spatium etiam

deliberandi habuerunt, quem potissimum vitae cursum sequi vellent; in qua deliberatione ad suam cuiusque naturam consilium est omne revocandum. nam cum in omnibus, quae aguntur, ex eo, quomodo quisque natus est, ut supra dictum est, quid deceat, exquirimus, tum in tota vita constituenda multo est eius rei cura maior adhibenda, ut constare in perpetuitate vitae possimus nobismet ipsis nec in ullo officio claudicare. (120) ad hanc autem rationem quoniam maximam vim natura habet, fortuna proximam, utriusque omnino habenda ratio est in deligendo genere vitae, sed naturae magis; multo enim et firmior est et constantior, ut fortuna nonnumquam tamquam ipsa mortalis cum immortali natura pugnare videatur. qui igitur ad naturae suae non vitiosae genus consilium vivendi omne contulerit, is constantiam teneat (id enim maxime decet), nisi forte se intellexerit errasse in deligendo genere vitae. quod si acciderit (potest autem accidere), facienda morum institutorumque mutatio est. eam mutationem si tempora adiuvabunt, facilius commodiusque faciemus; sin minus, sensim erit pedetemptimque facienda, ut amicitias, quae minus delectent et minus probentur, magis decere censent sapientes sensim diluere quam repente praecidere. (121) commutato autem genere vitae omni ratione curandum est, ut id bono consilio fecisse videamur.

Sed quoniam paulo ante dictum est imitandos esse maiores, primum illud exceptum sit, ne vitia sint imitanda, deinde, si natura non feret, ut quaedam imitari possint (ut superioris filius Africani, qui hunc Paullo natum adoptavit, propter infirmitatem valetudinis non tam potuit patris similis esse, quam ille fuerat sui); si igitur non poterit sive causas defensitare sive populum contionibus tenere sive bella gerere, illa tamen praestare debebit, quae erunt in ipsius potestate, iustitiam, fidem, liberalitatem, modestiam, temperantiam, quo minus ab eo id, quod desit, requiratur. optima autem hereditas a patribus traditur liberis omnique patrimonio praestantior gloria virtutis rerumque gestarum, cui dedecori esse nefas et vitium iudicandum est.

Pflichten der Jugend und des Alters

(122) Et quoniam officia non eadem disparibus aetatibus tribuuntur aliaque sunt iuvenum, alia seniorum, aliquid etiam de hac distinctione dicendum est. est igitur adulescentis maiores natu vereri exque iis deligere optimos et probatissimos, quorum consilio atque auctoritate nitatur; ineuntis enim aetatis inscitia senum constituenda et regenda prudentia est. maxime autem haec aetas a libidinibus arcenda est exercendaque in labore patientiaque et animi et corporis, ut eorum et in bellicis et in civilibus officiis vigeat industria. atque etiam cum relaxare animos et dare se iucunditati volent, caveant intemperantiam, meminerint verecundiae, quod erit facilius, si ne in eiusmodi quidem rebus maiores natu nolint interesse.

(123) Senibus autem labores corporis minuendi, exercitationes animi etiam augendae videntur; danda vero opera, ut et amicos et iuventutem et maxime rem publicam consilio et prudentia quam plurimum adiuvent. nihil autem magis cavendum est senectuti, quam ne languori se desidiaeque dedat; luxuria vero cum omni aetati turpis, tum senectuti foedissima est; sin autem etiam libidinum intemperantia accessit, duplex malum est, quod et ipsa senectus dedecus concipit et facit adulescentium impudentiorem intemperantiam.

Angemessenes Verhalten von Amtspersonen, Staatsbürgern und Ausländern

(124) Ac ne illud quidem alienum est, de magistratuum, de privatorum, de civium, de peregrinorum officiis dicere.

est igitur proprium munus magistratus intellegere se gerere personam civitatis debereque eius dignitatem et decus sustinere, servare leges, iura describere, ea fidei suae commissa meminisse. privatum autem oportet aequo et pari cum civibus iure vivere neque summissum et abiectum neque se efferentem, tum in re publica ea velle, quae tranquilla et honesta sint; talem enim solemus et sentire bonum civem et dicere. (125) peregrini autem atque incolae officium est nihil praeter suum negotium agere, nihil de alio anquirere minimeque esse in aliena re publica curiosum. ita fere officia reperientur, cum quaeretur, quid deceat et quid aptum sit personis, temporibus, aetatibus. nihil est autem, quod tam deceat, quam in omni re gerenda consilioque capiendo servare constantiam.

Natur und Schamgefühl – Kritik der Kyniker

(126) Sed quoniam decorum illud in omnibus factis, dictis, in corporis denique motu et statu cernitur idque positum est in tribus rebus, formositate, ordine, ornatu ad actionem apto (difficilibus ad eloquendum, sed satis erit intellegi), in his autem tribus continetur cura etiam illa, ut probemur iis, quibuscum apud quosque vivamus, his quoque de rebus pauca dicantur. principio corporis nostri magnam natura ipsa videatur habuisse rationem, quae formam nostram reliquamque figuram, in qua esset species honesta, eam posuit in promptu, quae partes autem corporis ad naturae necessitatem datae aspectum essent deformem habiturae atque turpem, eas contexit atque abdidit. (127) hanc naturae tam diligentem fabricam imitata est hominum verecundia. quae enim natura occultavit, eadem omnes, qui sana mente sunt, removent ab oculis ipsique necessitati dant operam ut quam occultissime pareant; quarumque partium corporis usus sunt necessa-

rii, eas neque partes neque earum usus suis nominibus appellant, quodque facere non turpe est, modo occulte, id dicere obscenum est. itaque nec actio rerum illarum aperta petulantia vacat nec orationis obscenitas.

(128) Nec vero audiendi sunt Cynici aut si qui fuerunt Stoici paene Cynici, qui reprehendunt et irrident, quod ea, quae re turpia non sint, verbis flagitiosa ducamus, illa autem, quae turpia sunt, nominibus appellemus suis. latrocinari, fraudare, adulterare re turpe est, sed dicitur non obscene; liberis dare operam re honestum est, nomine obscenum; pluraque in eam sententiam ab eisdem contra verecundiam disputantur. nos autem naturam sequamur et ab omni, quod abhorret ab oculorum auriumque approbatione, fugiamus; status, incessus, sessio, accubitio, vultus, oculi, manuum motus teneat illud decorum. (129) quibus in rebus duo maxime sunt fugienda: ne quid effeminatum aut molle et ne quid durum aut rusticum sit. nec vero histrionibus oratoribusque concedendum est, ut his haec apta sint, nobis dissoluta. scaenicorum quidem mos tantam habet vetere disciplina verecundiam, ut in scaenam sine subligaculo prodeat nemo; verentur enim, ne, si quo casu evenerit, ut corporis partes quaedam aperiantur, aspiciantur non decore. nostro quidem more cum parentibus puberes filii, cum soceris generi non lavantur. retinenda igitur est huius generis verecundia, praesertim natura ipsa magistra et duce.

Schönheit und Anstand in Erscheinung und Charakter

(130) Cum autem pulchritudinis duo genera sint, quorum in altero venustas sit, in altero dignitas, venustatem muliebrem ducere debemus, dignitatem virilem. ergo et a forma removeatur omnis viro non dignus ornatus, et huic simile vitium in gestu motuque caveatur. nam et palaestrici motus sunt saepe odiosiores et histrionum nonnulli

gestus ineptiis non vacant, et in utroque genere, quae sunt recta et simplicia, laudantur. formae autem dignitas coloris bonitate tuenda est, color exercitationibus corporis. adhibenda praeterea munditia est non odiosa neque exquisita nimis, tantum quae fugiat agrestem et inhumanam neglegentiam. eadem ratio est habenda vestitus, in quo, sicut in plerisque rebus, mediocritas optima est. (131) cavendum autem est, ne aut tarditatibus utamur in ingressu mollioribus, ut pomparum ferculis similes esse videamur, aut in festinationibus suscipiamus nimias celeritates, quae cum fiunt, anhelitus moventur, vultus mutantur, ora torquentur; ex quibus magna significatio fit non adesse constantiam. sed multo etiam magis elaborandum est, ne animi motus a natura recedant; quod assequemur, si cavebimus, ne in perturbationes atque exanimationes incidamus, et si attentos animos ad decoris conservationem tenebimus. (132) motus autem animorum duplices sunt: alteri cogitationis, alteri appetitus; cogitatio in vero exquirendo maxime versatur, appetitus impellit ad agendum. curandum est igitur, ut cogitatione ad res quam optimas utamur, appetitum rationi oboedientem praebeamus.

Schicklichkeit in Rede und Gespräch

Et quoniam magna vis orationis est eaque duplex, altera contentionis, altera sermonis, contentio disceptationibus tribuatur iudiciorum, contionum, senatus, sermo in circulis, disputationibus, congressionibus familiarium versetur, sequatur etiam convivia. contentionis praecepta rhetorum sunt, nulla sermonis, quamquam haud scio an possint haec quoque esse. sed discentium studiis inveniuntur magistri, huic autem qui studeant, sunt nulli, rhetorum turba referta omnia; quamquam, quoniam verborum sententiarumque praecepta sunt, eadem ad sermonem pertinebunt. (133) sed cum orationis indicem vocem habeamus, in voce autem duo sequamur, ut clara sit, ut suavis, utrumque omnino a natura petundum est, verum alterum exercitatio augebit, alterum imitatio presse loquentium et leniter. nihil fuit in Catulis, ut eos exquisito iudicio putares uti litterarum, quamquam erant litterati; sed et alii; hi autem optime uti lingua Latina putabantur. sonus erat dulcis, litterae neque expressae neque oppressae, ne aut obscurum esset aut putidum, sine contentione vox nec languens nec canora. uberior oratio L. Crassi nec minus faceta, sed bene loquendi de Catulis opinio non minor. sale vero et facetiis Caesar, Catuli patris frater, vicit omnes, ut in illo ipso forensi genere dicendi contentiones aliorum sermone vinceret. in omnibus igitur his elaborandum est, si in omni re, quid deceat, exquirimus.

(134) Sit ergo hic sermo, in quo Socratici maxime excellunt, lenis minimeque pertinax, insit in eo lepos. nec vero, tamquam in possessionem suam venerit, excludat alios, sed cum reliquis in rebus tum in sermone communi vicissitudinem non iniquam putet. ac videat in primis, quibus de rebus loquatur; si seriis, severitatem adhibeat, si iocosis, leporem. in primisque provideat, ne sermo vitium aliquod indicet inesse in moribus; quod maxime tum solet evenire, cum studiose de absentibus detrahendi causa aut per ridiculum aut severe, maledice contumelioseque dicitur. (135) habentur autem plerumque sermones aut de domesticis negotiis aut de re publica aut de artium studiis atque doctrina. danda igitur opera est, ut, etiam si aberrare ad alia coeperit, ad haec revocetur oratio, sed utcumque aderunt; neque enim iisdem de rebus nec omni tempore nec similiter delectamur. animadvertendum est etiam, quatenus sermo delectationem habeat, et ut incipiendi ratio fuerit, ita sit desinendi modus.

(136) Sed quomodo in omni vita rectissime praecipitur, ut perturbationes fugiamus, id est motus animi nimios

rationi non obtemperantes, sic eiusmodi motibus sermo debet vacare, ne aut ira exsistat aut cupiditas aliqua aut pigritia aut ignavia aut tale aliquid appareat, maximeque curandum est, ut eos, quibuscum sermonem conferemus, et vereri et diligere videamur. obiurgationes etiam nonnumquam incidunt necessariae, in quibus utendum est fortasse et vocis contentione maiore et verborum gravitate acriore, id agendum etiam, ut ea facere videamur irati. sed ut ad urendum et secandum, sic ad hoc genus castigandi raro invitique veniemus nec umquam nisi necessario, si nulla reperietur alia medicina; sed tamen ira procul absit, cum qua nihil recte fieri, nihil considerate potest. (137) magnam autem partem clementi castigatione licet uti, gravitate tamen adiuncta, ut et severitas adhibeatur et contumelia repellatur, atque etiam illud ipsum, quod acerbitatis habet obiurgatio, significandum est ipsius id causa, qui obiurgetur, esse susceptum. rectum est autem etiam in illis contentionibus, quae cum inimicissimis fiunt, etiam si nobis indigna audiamus, tamen gravitatem retinere, iracundiam pellere. quae enim cum aliqua perturbatione fiunt, ea nec constanter fieri possunt neque iis, qui adsunt, probari. deforme etiam est de se ipsum praedicare, falsa praesertim, et cum irrisione audientium imitari ‚militem gloriosum‘.

Wohnung und persönliches Ansehen

(138) Et quoniam omnia persequimur, volumus quidem certe, dicendum est etiam, qualem hominis honorati et principis domum placeat esse, cuius finis est usus, ad quem accommodanda est aedificandi descriptio et tamen adhibenda commoditatis dignitatisque diligentia. Cn. Octavio, qui primus ex illa familia consul factus est, honori fuisse accepimus, quod praeclaram aedificasset in Palatio et plenam dignitatis domum; quae cum vulgo

viseretur, suffragata domino, novo homini, ad consulatum putabatur. hanc Scaurus demolitus accessionem adiunxit aedibus. itaque ille in suam domum consulatum primus attulit, hic, summi et clarissimi viri filius, in domum multiplicatam non repulsam solum rettulit, sed ignominiam etiam et calamitatem. (139) ornanda enim est dignitas domo, non ex domo tota quaerenda, nec domo dominus, sed domino domus honestanda est, et ut in ceteris habenda ratio non sua solum, sed etiam aliorum, sic in domo clari hominis, in quam et hospites multi recipiendi et admittenda hominum cuiusque modi multitudo, adhibenda cura est laxitatis. aliter ampla domus dedecori saepe domino est, si est in ea solitudo, et maxime, si aliquando alio domino solita est frequentari. odiosum est enim, cum a praetereuntibus dicitur:

,O domus ántiqua, et quam díspari
domináre domino.'

quod quidem his temporibus in multis licet dicere. (140) cavendum autem est, praesertim si ipse aedifices, ne extra modum sumptu et magnificentia prodeas, quo in genere multum mali etiam in exemplo est. studiose enim plerique praesertim in hanc partem facta principum imitantur, ut L. Luculli, summi viri; virtutem quis? at quam multi villarum magnificentiam imitati! quarum quidem certe est adhibendus modus ad mediocritatemque revocandus. eademque mediocritas ad omnem usum cultumque vitae transferenda est. sed haec hactenus.

Grundregeln des Handelns

(141) In omni autem actione suscipienda tria sunt tenenda, primum ut appetitus rationi pareat, quo nihil est ad officia conservanda accommodatius, deinde ut animadvertatur, quanta illa res sit, quam efficere velimus, ut neve maior neve minor cura et opera suscipiatur, quam causa

postulet. tertium est, ut caveamus, ut ea, quae pertinent ad liberalem speciem et dignitatem, moderata sint. modus autem est optimus decus ipsum tenere, de quo ante diximus, nec progredi longius. horum tamen trium praestantissimum est appetitum obtemperare rationi.

Takt – Sinn für gute Ordnung (eutaxía) und den rechten Zeitpunkt (eukairía)

142–143 Als Übersetzung des stoischen Begriffs eutaxía (conservatio ordinis) bedeutet modestia (Mäßigung, Besonnenheit) das Wissen (scientia) von der Ordnung in den Handlungen und vom günstigen Zeitpunkt (eukairía, occasio). So könnte man auch prudentia definieren; deren Wesensmerkmale (propria) sind aber schon besprochen; nun gilt die Untersuchung Tugenden wie Selbstbeherrschung (temperantia) und Rücksichtnahme (verecundia) sowie der Bestätigung (approbatio) durch unsere Mitmenschen.

(144) Talis est igitur ordo actionum adhibendus, ut, quemadmodum in oratione constanti, sic in vita omnia sint apta inter se et convenientia; turpe enim valdeque vitiosum in re severa convivio digna aut delicatum aliquem inferre sermonem. bene Pericles, cum haberet collegam in praetura Sophoclem poetam iique de communi officio convenissent et casu formosus puer praeteriret dixissetque Sophocles ,O puerum pulchrum, Pericle!‘ ,At enim praetorem, Sophocle, decet non solum manus, sed etiam oculos abstinentes habere.‘ atqui hoc idem Sophocles si in athletarum probatione dixisset, iusta reprehensione caruisset. tanta vis est et loci et temporis. ut si qui, cum causam sit acturus, in itinere aut in ambulatione secum ipse meditetur, aut si quid aliud attentius cogitet, non reprehendatur, at hoc idem si in convivio faciat, inhumanus videatur inscitia temporis. (145) sed ea, quae

multum ab humanitate discrepant, ut si qui in foro cantet
aut si qua est alia magna perversitas, facile apparet nec
magnopere admonitionem et praecepta desiderat; quae
autem parva videntur esse delicta neque a multis intellegi
possunt, ab his est diligentius declinandum. ut in fidibus
aut tibiis, quamvis paulum discrepent, tamen id a sciente
animadverti solet, sic videndum est in vita, ne forte quid
discrepet, vel multo etiam magis, quo maior et melior
actionum quam sonorum concentus est.

146–147 Wie Musiker jeden falschen Ton heraushören,
so erkennen scharfe Beobachter menschlicher Unarten
Abweichungen von natürlichem, pflichtgemäßem Verhalten schon an Kleinigkeiten (Stimme, Mimik). Was bei
anderen unschicklich wirkt, können wir selbst vermeiden;
denn leichter entdecken wir Fehler bei anderen. Darum
korrigieren Lehrer die Fehler ihrer Schüler, indem sie sie
nachahmen. In Zweifelsfällen liegt es nahe, Menschen mit
philosophischer Bildung oder praktischer Erfahrung nach
ihrer Meinung über unsere Pflicht zu fragen. Maler,
Bildhauer und Dichter lassen ihre Werke vom breiten
Publikum (vulgus) prüfen, um sie nach seiner Kritik zu
verbessern: so müssen auch wir das Urteil anderer
berücksichtigen.

Achtung vor dem Herkommen

(148) Quae vero more agentur institutisque civilibus, de
his nihil est praecipiendum; illa enim ipsa praecepta sunt
nec quemquam hoc errore duci oportet, ut, si quid
Socrates aut Aristippus contra morem consuetudinemque
civilem fecerint locutive sint, idem sibi arbitretur licere;
magnis illi et divinis bonis hanc licentiam assequebantur.
Cynicorum vero ratio tota est eicienda; est enim inimica
verecundiae, sine qua nihil rectum esse potest, nihil
honestum.

Pflichten gegenüber einzelnen und allen

(149) Eos autem, quorum vita perspecta in rebus honestis atque magnis est, bene de re publica sentientes ac bene meritos aut merentes sicut aliquo honore aut imperio affectos observare et colere debemus, tribuere etiam multum senectuti, cedere iis, qui magistratum habebunt, habere dilectum civis et peregrini in ipsoque peregrino, privatimne an publice venerit. ad summam, ne agam de singulis, communem totius generis hominum conciliationem et consociationem colere, tueri, servare debemus.

Moralisch-ästhetische Wertung verschiedener Berufe

(150) Iam de artificiis et quaestibus, qui liberales habendi, qui sordidi sint, haec fere accepimus. primum improbantur ii quaestus, qui in odia hominum incurrunt, ut portitorum, ut feneratorum. illiberales autem et sordidi quaestus mercennariorum omnium, quorum operae, non quorum artes emuntur; est enim in illis ipsa merces auctoramentum servitutis. sordidi etiam putandi, qui mercantur a mercatoribus, quod statim vendant; nihil enim proficiant, nisi admodum mentiantur; nec vero est quicquam turpius vanitate. opificesque omnes in sordida arte versantur; nec enim quicquam ingenuum habere potest officina. minimeque artes eae probandae, quae ministrae sunt voluptatum,
 ‚cetárii, lanií, coqui, fartóres, piscatóres',
ut ait Terentius; adde huc, si placet, unguentarios, saltatores totumque ludum talarium. (151) quibus autem artibus aut prudentia maior inest aut non mediocris utilitas quaeritur, ut medicina, ut architectura, ut doctrina rerum honestarum, eae sunt iis, quorum ordini conveniunt, honestae. mercatura autem, si tenuis est, sordida putanda

est; sin magna et copiosa, multa undique apportans multisque sine vanitate impertiens, non est admodum vituperanda, atque etiam, si satiata quaestu vel contenta potius, ut saepe ex alto in portum, ex ipso portu se in agros possessionesque contulit, videtur iure optimo posse laudari. omnium autem rerum, ex quibus aliquid adquiritur, nihil est agri cultura melius, nihil uberius, nihil dulcius, nihil homine, nihil libero dignius; de qua quoniam in Catone Maiore satis multa diximus, illinc assumes, quae ad hunc locum pertinebunt.

5. Kardinaltugenden im Widerstreit

Die Wahl zwischen moralischen Pflichten

(152) Sed ab iis partibus, quae sunt honestatis, quemadmodum officia ducerentur, satis expositum videtur. eorum autem ipsorum, quae honesta sunt, potest incidere saepe contentio et comparatio, de duobus honestis utrum honestius, qui locus a Panaetio est praetermissus. nam cum omnis honestas manet a partibus quattuor, quarum una sit cognitionis, altera communitatis, tertia magnanimitatis, quarta moderationis, haec in deligendo officio saepe inter se comparentur necesse est.

Wissenschaftliche Erkenntnis und gesellschaftliche Praxis

(153) Placet igitur aptiora esse naturae ea officia, quae ex communitate, quam ea, quae ex cognitione ducantur, idque hoc argumento confirmari potest, quod, si contigerit ea vita sapienti, ut omnium rerum affluentibus copiis quamvis omnia, quae cognitione digna sint, summo otio secum ipse consideret et contempletur, tamen, si solitudo tanta sit, ut hominem videre non possit, excedat e vita. princepsque omnium virtutum illa sapientia, quam σοφί-

αν (sophíān) Graeci vocant – prudentiam enim, quam Graeci φρόνησιν (phrónēsin) dicunt, aliam quandam intellegimus, quae est rerum expetendarum fugiendarum scientia; illa autem sapientia, quam principem dixi, rerum est divinarum et humanarum scientia, in qua continetur deorum et hominum communitas et societas inter ipsos; ea si maxima est, ut est certe, necesse est, quod a communitate ducatur officium, id esse maximum. etenim cognitio contemplatioque naturae manca quodam modo atque inchoata sit, si nulla actio rerum consequatur. ea autem actio in hominum commodis tuendis maxime cernitur; pertinet igitur ad societatem generis humani; ergo haec cognitioni anteponenda est.

(154) Atque id optimus quisque re ipsa ostendit et iudicat. quis enim est tam cupidus in perspicienda cognoscendaque rerum natura, ut, si ei tractanti contemplantique res cognitione dignissimas subito sit allatum periculum discrimenque patriae, cui subvenire opitularique possit, non illa omnia relinquat atque abiciat, etiamsi dinumerare se stellas aut metiri mundi magnitudinem posse arbitretur? atque hoc idem in parentis, in amici re aut periculo fecerit. (155) quibus rebus intellegitur studiis officiisque scientiae praeponenda esse officia iustitiae, quae pertinent ad hominum utilitatem, qua nihil homini esse debet antiquius.

Atque illi ipsi, quorum studia vitaque omnis in rerum cognitione versata est, tamen ab augendis hominum utilitatibus et commodis non recesserunt. nam et erudiverunt multos, quo meliores cives utilioresque rebus suis publicis essent, ut Thebanum Epaminondam Lysis Pythagoreus, Syracosium Dionem Plato multique multos, nosque ipsi, quidquid ad rem publicam attulimus, si modo aliquid attulimus, a doctoribus atque doctrina instructi ad eam et ornati accessimus. (156) neque solum vivi atque praesentes studiosos discendi erudiunt atque docent, sed hoc idem etiam post mortem monumentis litterarum assequuntur. nec enim locus ullus est praetermissus ab iis, qui ad leges, qui ad mores, qui ad disciplinam rei publicae pertineret, ut otium suum ad nostrum negotium contulisse videantur. ita illi ipsi doctrinae studiis et sapientiae dediti ad hominum utilitatem suam prudentiam intellegentiamque potissimum conferunt; ob eamque etiam causam eloqui copiose, modo prudenter, melius est quam vel acutissime sine eloquentia cogitare, quod cogitatio in se ipsa vertitur, eloquentia complectitur eos, quibuscum communitate iuncti sumus. (157) atque ut apium examina non fingendorum favorum causa congregantur, sed, cum congregabilia natura sint, fingunt favos, sic homines, ac multo etiam magis, natura congregati adhibent agendi cogitandique sollertiam. itaque, nisi ea virtus, quae constat ex hominibus tuendis, id est ex societate generis humani, attingat cognitionem rerum, solivaga cognitio et ieiuna videatur, itemque magnitudo animi remota communitate coniunctioneque humana feritas sit quaedam et immanitas. ita fit, ut vincat cognitionis studium consociatio hominum atque communitas. (158) nec verum est, quod dicitur a quibusdam, propter necessitatem vitae, quod ea, quae natura desideraret, consequi sine aliis atque efficere non possemus, idcirco initam esse cum hominibus communitatem et societatem; quod si omnia nobis, quae ad victum cultumque pertinent, quasi virgula divina, ut aiunt, suppeditarentur, tum optimo quisque ingenio negotiis omnibus omissis totum se in cognitione et scientia collocaret. non est ita; nam et solitudinem fugeret et socium studii quaereret, tum docere, tum discere vellet, tum audire, tum dicere. ergo omne officium, quod ad coniunctionem hominum et ad societatem tuendam valet, anteponendum est illi officio, quod cognitione et scientia continetur.

Konflikt zwischen Anstand und Gemeinsinn

(159) Illud forsitan quaerendum sit, num haec communitas, quae maxime est apta naturae, sit etiam moderationi modestiaeque semper anteponenda. non placet; sunt enim quaedam partim ita foeda, partim ita flagitiosa, ut ea ne conservandae quidem patriae causa sapiens facturus sit. ea Posidonius collegit permulta, sed ita taetra quaedam, ita obscena, ut dictu quoque videantur turpia. haec igitur non suscipiet rei publicae causa, ne res publica quidem pro se suscipi volet. sed hoc commodius se res habet, quod non potest accidere tempus, ut intersit rei publicae quicquam illorum facere sapientem.

Rangordnung der Pflichten

(160) Quare hoc quidem effectum sit, in officiis deligendis hoc genus officiorum excellere, quod teneatur hominum societate. etenim cognitionem prudentiamque sequetur considerata actio; ita fit, ut agere considerate pluris sit quam cogitare prudenter. atque haec quidem hactenus. patefactus enim locus est ipse, ut non difficile sit in exquirendo officio, quid cuique sit praeponendum, videre. in ipsa autem communitate sunt gradus officiorum, ex quibus, quid cuique praestet, intellegi possit, ut prima diis immortalibus, secunda patriae, tertia parentibus, deinceps gradatim reliquis debeantur. (161) quibus ex rebus breviter disputatis intellegi potest non solum id homines solere dubitare, honestumne an turpe sit, sed etiam duobus propositis honestis utrum honestius sit. hic locus a Panaetio est, ut supra dixi, praetermissus. sed iam ad reliqua pergamus.

LIBER SECUNDUS
Prooemium

Der Bereich des Nützlichen

(1) Quemadmodum officia ducerentur ab honestate, Marce fili, atque ab omni genere virtutis, satis explicatum arbitror libro superiore. sequitur, ut haec officiorum genera persequar, quae pertinent ad vitae cultum et ad earum rerum, quibus utuntur homines, facultatem, ad opes, ad copias; in quo tum quaeri dixi, quid utile, quid inutile, tum ex utilibus quid utilius aut quid maxime utile. de quibus dicere aggrediar, si pauca prius de instituto ac de iudicio meo dixero.

Warum ein Politiker über Philosophie schreibt

(2) Quamquam enim libri nostri complures non modo ad legendi, sed etiam ad scribendi studium excitaverunt, tamen interdum vereor, ne quibusdam bonis viris philosophiae nomen sit invisum mirenturque in ea tantum me operae et temporis ponere. ego autem, quamdiu res publica per eos gerebatur, quibus se ipsa commiserat, omnes meas curas cogitationesque in eam conferebam; cum autem dominatu unius omnia tenerentur neque esset usquam consilio aut auctoritati locus, socios denique tuendae rei publicae, summos viros, amisissem, nec me angoribus dedidi, quibus essem confectus, nisi his restitissem, nec rursum indignis homine docto voluptatibus. (3) atque utinam res publica stetisset, quo coeperat, statu nec in homines non tam commutandarum quam evertendarum rerum cupidos incidisset! primum enim, ut stante re publica facere solebamus, in agendo plus quam in scribendo operae poneremus, deinde ipsis scriptis non ea, quae nunc, sed actiones nostras mandaremus, ut saepe fecimus.

cum autem res publica, in qua omnis mea cura, cogitatio, opera poni solebat, nulla esset omnino, illae scilicet litterae conticuerunt forenses et senatoriae. (4) nihil agere autem cum animus non posset, in his studiis ab initio versatus aetatis existimavi honestissime molestias posse deponi, si me ad philosophiam rettulissem. cui cum multum adulescens discendi causa temporis tribuissem, posteaquam honoribus inservire coepi meque totum rei publicae tradidi, tantum erat philosophiae loci, quantum superfuerat amicorum et rei publicae tempori. id autem omne consumebatur in legendo, scribendi otium non erat.

Wesen und Nutzen der Philosophie

(5) Maximis igitur in malis hoc tamen boni assecuti videmur, ut ea litteris mandaremus, quae nec erant satis nota nostris et erant cognitione dignissima. quid enim est, per deos, optabilius sapientia, quid praestantius, quid homini melius, quid homine dignius? hanc igitur qui expetunt, philosophi nominantur, nec quicquam aliud est philosophia, si interpretari velis, praeter studium sapientiae. sapientia autem est, ut a veteribus philosophis definitum est, rerum divinarum et humanarum causarumque, quibus eae res continentur, scientia; cuius studium qui vituperat, haud sane intellego, quidnam sit, quod laudandum putet. (6) nam sive oblectatio quaeritur animi requiesque curarum, quae conferri cum eorum studiis potest, qui semper aliquid anquirunt, quod spectet et valeat ad bene beateque vivendum? sive ratio constantiae virtutisque ducitur, aut haec ars est aut nulla omnino, per quam eas assequamur. nullam dicere maximarum rerum artem esse, cum minimarum sine arte nulla sit, hominum est parum considerate loquentium atque in maximis rebus errantium. si autem est aliqua disciplina virtutis, ubi

ea quaeretur, cum ab hoc discendi genere discesseris? sed haec, cum ad philosophiam cohortamur, accuratius disputari solent, quod alio quodam libro fecimus; hoc autem tempore tantum nobis declarandum fuit, cur orbati rei publicae muneribus ad hoc nos studium potissimum contulissemus.

Sind Aussagen zur Ethik mit erkenntnistheoretischem Skeptizismus vereinbar?

(7) Occurritur autem nobis, et quidem a doctis et eruditis quaerentibus, satisne constanter facere videamur, qui, cum percipi nihil posse dicamus, tamen et aliis de rebus disserere soleamus et hoc ipso tempore praecepta officii persequamur. quibus vellem satis cognita esset nostra sententia. non enim sumus ii, quorum vagetur animus errore nec habeat umquam, quid sequatur. quae enim esset ista mens vel quae vita potius non modo disputandi, sed etiam vivendi ratione sublata? nos autem, ut ceteri alia certa, alia incerta esse dicunt, sic ab his dissentientes alia probabilia, contra alia dicimus. (8) quid est igitur, quod me impediat ea, quae probabilia mihi videantur, sequi, quae contra, improbare atque affirmandi arrogantiam vitantem fugere temeritatem, quae a sapientia dissidet plurimum? contra autem omnia disputantur a nostris, quod hoc ipsum probabile elucere non posset, nisi ex utraque parte causarum esset facta contentio. sed haec explanata sunt in Academicis nostris satis, ut arbitror, diligenter. tibi autem, mi Cicero, quamquam in antiquissima nobilissimaque philosophia Cratippo auctore versaris iis simillimo, qui ista praeclara pepererunt, tamen haec nostra, finitima vestris, ignota esse nolui. sed iam ad instituta pergamus.

Zweiter Teil

Das Nützliche und die ihm entspringenden Pflichten

Vorbemerkung

9—10 Indem der Sprachgebrauch (consuetudo) die Ehrenhaftigkeit von der Nützlichkeit trennte, führte er zu einem gefährlichen Irrtum: es gebe moralisch Richtiges, das nicht nützlich, und Nützliches, das moralisch nicht richtig sei. Angesehene Philosophen unterscheiden — mit allem sittlichen Ernst — in der Theorie (cogitatione), was unauflöslich miteinander verschmolzen (confusum) ist. Wer dies nicht erkennt, neigt dazu, gerissene Menschen zu bewundern, und hält Verschlagenheit für Lebensklugheit. Diese Meinung muß in die Zuversicht verwandelt werden, daß man nicht durch Schlechtigkeit, sondern durch Rechtschaffenheit seine Ziele erreicht.

Die Menschen nützen oder schaden einander

(11) Quae ergo ad vitam hominum tuendam pertinent, partim sunt inanima, ut aurum, argentum, ut ea, quae gignuntur e terra, ut alia generis eiusdem, partim animalia, quae habent suos impetus et rerum appetitus. eorum autem rationis expertia sunt, alia ratione utentia. expertes rationis equi, boves, reliquae pecudes, apes, quarum opere efficitur aliquid ad usum hominum atque vitam. ratione autem utentium duo genera ponunt, deorum unum, alterum hominum. deos placatos pietas efficiet et sanctitas; proxime autem et secundum deos homines hominibus maxime utiles esse possunt. (12) earumque item rerum, quae noceant et obsint, eadem divisio est. sed quia deos nocere non putant, iis exceptis homines hominibus obesse plurimum arbitrantur. ea enim ipsa, quae inanima diximus, pleraque sunt hominum operis effecta;

quae nec haberemus, nisi manus et ars accessisset, nec iis sine hominum administratione uteremur. neque enim valetudinis curatio neque navigatio neque agri cultura neque frugum fructuumque reliquorum perceptio et conservatio sine hominum opera ulla esse potuisset. (13) iam vero et earum rerum, quibus abundaremus, exportatio et earum, quibus egeremus, invectio certe nulla esset, nisi his muneribus homines fungerentur. eademque ratione nec lapides ex terra exciderentur ad usum nostrum necessarii, nec ‚ferrum, aes, aurum, argentum' effoderetur ‚penitus abditum' sine hominum labore et manu. tecta vero, quibus et frigorum vis pelleretur et calorum molestiae sedarentur, unde aut initio generi humano dari potuissent aut postea subvenire, si aut vi tempestatis aut terrae motu aut vetustate cecidissent, nisi communis vita ab hominibus harum rerum auxilia petere didicisset? (14) adde ductus aquarum, derivationes fluminum, agrorum irrigationes, moles oppositas fluctibus, portus manu factos, quae unde sine hominum opere habere possemus? ex quibus multisque aliis perspicuum est, qui fructus quaeque utilitates ex rebus iis, quae sint inanima, percipiantur, eas nos nullo modo sine hominum manu atque opera capere potuisse. qui denique ex bestiis fructus aut quae commoditas, nisi homines adiuvarent, percipi posset? nam et qui principes inveniendi fuerunt, quem ex quaque belua usum habere possemus, homines certe fuerunt, nec hoc tempore sine hominum opera aut pascere eas aut domare aut tueri aut tempestivos fructus ex iis capere possemus; ab eisdemque et eae, quae nocent, interficiuntur et, quae usui possunt esse, capiuntur. (15) quid enumerem artium multitudinem, sine quibus vita omnino nulla esse potuisset? qui enim aegris subveniretur, quae esset oblectatio valentium, qui victus aut cultus, nisi tam multae nobis artes ministrarent? quibus rebus exculta hominum vita tantum destitit a victu et cultu bestiarum. urbes vero sine hominum coetu non potuissent nec aedificari nec frequentari, ex quo leges moresque constituti, tum iuris aequa discriptio certaque vivendi disciplina; quas res et mansuetudo animorum consecuta et verecundia est effectumque, ut esset vita munitior atque ut dando et accipiendo mutandisque facultatibus et commodis nulla re egeremus.

(16) Longiores hoc loco sumus, quam necesse est. quis est enim, cui non perspicua sint illa, quae pluribus verbis a Panaetio commemorantur, neminem neque ducem bello nec principem domi magnas res et salutares sine hominum studiis gerere potuisse? commemoratur ab eo Themistocles, Pericles, Cyrus, Agesilaus, Alexander, quos negat sine adiumentis hominum tantas res efficere potuisse. utitur in re non dubia testibus non necessariis. atque ut magnas utilitates adipiscimur conspiratione hominum atque consensu, sic nulla tam detestabilis pestis est, quae non homini ab homine nascatur. est Dicaearchi liber de interitu hominum, Peripatetici magni et copiosi, qui collectis ceteris causis eluvionis, pestilentiae, vastitatis, beluarum etiam repentinae multitudinis, quarum impetu docet quaedam hominum genera esse consumpta, deinde comparat, quanto plures deleti sint homines hominum impetu, id est bellis aut seditionibus, quam omni reliqua calamitate.

Durch virtus gewinnen wir nützliche Mitmenschen

(17) Cum igitur hic locus nihil habeat dubitationis, quin homines plurimum hominibus et prosint et obsint, proprium hoc statuo esse virtutis, conciliare animos hominum et ad usus suos adiungere. itaque, quae in rebus inanimis quaeque in usu et tractatione beluarum fiunt utiliter ad hominum vitam, artibus ea tribuuntur operosis, hominum autem studia ad amplificationem nostrarum rerum prompta ac parata virorum praestantium sapientia et virtute excitantur.

18—20 Die Tugend wirkt in drei Bereichen: in der Erkenntnis des Wahren und Echten, der Übereinstimmung, der Folgen und Ursachen, in der Beherrschung der Leidenschaften und Triebe und in der besonnenen und geschickten Behandlung unserer Mitmenschen. Ihre Mitarbeit (studia) brauchen wir, um uns reichlich zu verschaffen, was die Natur verlangt, um Schaden von uns abzuwehren und um an denen, die uns schaden wollten, Vergeltung zu üben, soweit es Fairneß (aequitas) und Menschlichkeit erlauben.

Groß ist zweifellos die Macht des Schicksals; sein Wehen (flatus) läßt uns ans Ziel gelangen oder scheitern. Aber nur in selteneren Fällen — bei Stürmen, Schiffbruch, Einsturz, Feuer; Verletzungen durch Tiere — wirkt es allein; an militärischen und politischen Siegen oder Niederlagen ist dagegen neben dem Zufall menschliches Handeln entscheidend beteiligt. Es bleibt also dabei: den größten Nutzen oder Schaden erfahren die Menschen voneinander.

Beweggründe, sich für andere einzusetzen

Hoc igitur cognito dicendum est, quonam modo hominum studia ad utilitates nostras allicere atque excitare possimus. quae si longior fuerit oratio, cum magnitudine utilitatis comparetur; ita fortasse etiam brevior videbitur. (21) quaecumque igitur homines homini tribuunt ad eum augendum atque honestandum, aut benevolentiae gratia faciunt, cum aliqua de causa quempiam diligunt, aut honoris, si cuius virtutem suspiciunt quemque dignum fortuna quam amplissima putant, aut cui fidem habent et bene rebus suis consulere arbitrantur, aut cuius opes metuunt, aut contra, a quibus aliquid exspectant, ut cum reges popularesve homines largitiones aliquas proponunt, aut postremo pretio ac mercede ducuntur, quae sordidissima est illa quidem ratio et inquinatissima et iis, qui ea tenentur, et illis, qui ad eam confugere conantur. (22) male enim se res habet, cum, quod virtute effici debet, id temptatur pecunia. sed quoniam nonnumquam hoc subsidium necessarium est, quemadmodum sit utendum eo, dicemus, si prius his de rebus, quae virtuti propiores sunt, dixerimus. atque etiam subiciunt se homines imperio alterius et potestati de causis pluribus. ducuntur enim aut benevolentia aut beneficiorum magnitudine aut dignitatis praestantia aut spe sibi id utile futurum aut metu, ne vi parere cogantur, aut spe largitionis promissisque capti aut postremo, ut saepe in nostra re publica videmus, mercede conducti.

Furcht ist ein ungeeignetes Mittel

(23) Omnium autem rerum nec aptius est quicquam ad opes tuendas ac tenendas quam diligi nec alienius quam timeri. praeclare enim Ennius:
>,Quém metuunt, odérunt; quem quisque ódit, periisse éxpetit.'

multorum autem odiis nullas opes posse obsistere, si antea fuit ignotum, nuper est cognitum. nec vero huius tyranni solum, quem armis oppressa pertulit civitas (ac paret cum maxime mortuo), interitus declarat, quantum odium hominum valet ad pestem, sed reliquorum similes exitus tyrannorum, quorum haud fere quisquam talem interitum effugit; malus enim est custos diuturnitatis metus contraque benevolentia fidelis vel ad perpetuitatem. (24) sed iis, qui vi oppressos imperio coercent, sit sane adhibenda saevitia, ut eris in famulos, si aliter teneri non possunt; qui vero in libera civitate ita se instruunt, ut metuantur, his nihil potest esse dementius. quamvis enim sint demersae leges alicuius opibus, quamvis timefacta libertas, emergunt tamen haec aliquando aut iudiciis tacitis aut occultis de honore suffragiis. acriores autem morsus sunt intermissae libertatis quam retentae. quod igitur latissime patet neque ad incolumitatem solum, sed etiam ad opes et potentiam valet plurimum, id amplectamur, ut metus absit, caritas retineatur. ita facillime, quae volemus, et privatis in rebus et in re publica consequemur.

Das Elend der Tyrannen

Etenim qui se metui volent, a quibus metuentur, eosdem metuant ipsi necesse est. (25) quid enim censemus superiorem illum Dionysium quo cruciatu timoris angi solitum, qui cultros metuens tonsorios candente carbone sibi adurebat capillum? quid Alexandrum Pheraeum quo animo vixisse arbitramur? qui, ut scriptum legimus, cum uxorem Theben admodum diligeret, tamen ad eam ex epulis in cubiculum veniens barbarum et eum quidem, ut scriptum est, compunctum notis Thraeciis destricto gladio iubebat anteire praemittebatque de stipatoribus suis, qui scrutarentur arculas muliebres et, ne quod in vestimentis telum occultaretur, exquirerent. o miserum, qui fideliorem et barbarum et stigmatiam putaret quam coniugem! nec eum fefellit; ab ea est enim ipsa propter pelicatus suspicionem interfectus. nec vero ulla vis imperii tanta est, quae premente metu possit esse diuturna. (26) testis est Phalaris, cuius est praeter ceteros nobilitata crudelitas, qui non ex insidiis interiit ut is, quem modo dixi, Alexander, non a paucis ut hic noster, sed in quem universa Agrigentinorum multitudo impetum fecit. quid? Macedones nonne Demetrium reliquerunt universique se ad Pyrrhum contulerunt? quid? Lacedaemonios iniuste imperantes nonne repente omnes fere socii deseruerunt spectatoresque se otiosos praebuerunt Leuctricae calamitatis?

Anfänge der Gewaltherrschaft in der römischen Republik

Externa libentius in tali re quam domestica recordor. verum tamen, quamdiu imperium populi Romani beneficiis tenebatur, non iniuriis, bella aut pro sociis aut de imperio gerebantur, exitus erant bellorum aut mites aut necessarii, regum, populorum, nationum portus erat et refugium senatus, nostri autem magistratus imperatoresque ex hac una re maximam laudem capere studebant, si provincias, si socios aequitate et fide defendissent. (27) itaque illud patrocinium orbis terrae verius quam imperium poterat nominari. sensim hanc consuetudinem et disciplinam iam antea minuebamus, post vero Sullae victoriam penitus amisimus; desitum est enim videri quicquam in socios iniquum, cum exstitisset in cives tanta crudelitas. ergo in illo secuta est honestam causam non honesta victoria; est enim ausus dicere, hasta posita cum bona in foro venderet et bonorum virorum et locupletium et certe civium, praedam se suam vendere. secutus est, qui in causa impia, victoria etiam foediore non singulorum civium bona publicaret, sed universas provincias regionesque uno calamitatis iure comprehenderet. (28) itaque vexatis ac perditis exteris nationibus ad exemplum amissi imperii portari in triumpho Massiliam vidimus et ex ea urbe triumphari, sine qua numquam nostri imperatores ex Transalpinis bellis triumpharunt. multa praeterea commemorarem nefaria in socios, si hoc uno quicquam sol vidisset indignius. iure igitur plectimur. nisi enim multorum impunita scelera tulissemus, numquam ad unum tanta pervenisset licentia, a quo quidem rei familiaris ad paucos, cupiditatum ad multos improbos venit hereditas. (29) nec vero umquam bellorum civilium semen et causa deerit, dum homines perditi hastam illam cruentam et meminerint et sperabunt; quam P. Sulla cum vibrasset dictatore propinquo suo, idem sexto tricesimo anno post a sceleratiore hasta non recessit; alter autem, qui in illa dictatura scriba fuerat, in hac fuit quaestor urbanus. ex quo debet intellegi talibus praemiis propositis numquam defutura bella civilia. itaque parietes modo urbis stant et manent, iique ipsi iam extrema scelera metuentes, rem vero publicam penitus amisimus. atque in has clades incidimus (redeundum est enim ad propositum), dum metui quam cari esse et diligi malumus. quae si populo Romano iniuste imperanti accidere potuerunt, quid debent putare singuli?

Der Wert persönlicher Zuneigung

Quod cum perspicuum sit benevolentiae vim esse magnam, metus imbecillam, sequitur, ut disseramus, quibus rebus facillime possimus eam, quam volumus, adipisci cum honore et fide caritatem. (30) sed ea non pariter omnes egemus; nam ad cuiusque vitam institutam accommodandum est, a multisne opus sit an satis sit a paucis diligi. certum igitur hoc sit idque et primum et maxime necessarium familiaritates habere fidas amantium nos amicorum et nostra mirantium; haec enim est una res prorsus, ut non multum differat inter summos et mediocres viros, eaque utrisque est propemodum comparanda. (31) honore et gloria et benevolentia civium fortasse non aeque omnes egent, sed tamen, si cui haec suppetunt, adiuvant aliquantum cum ad cetera, tum ad amicitias comparandas.

Voraussetzungen und Nutzen des Ruhms

Sed de amicitia alio libro dictum est, qui inscribitur Laelius; nunc dicamus de gloria, quamquam ea quoque de re duo sunt nostri libri, sed attingamus, quandoquidem ea in rebus maioribus administrandis adiuvat plurimum. summa igitur et perfecta gloria constat ex tribus his: si diligit multitudo, si fidem habet, si cum admiratione quadam honore dignos putat. haec autem, si est simpliciter breviterque dicendum, quibus rebus pariuntur a singulis, eisdem fere a multitudine. sed est alius quoque quidam aditus ad multitudinem, ut in universorum animos tamquam influere possimus.

Wie man Wohlwollen und Vertrauen gewinnt

(32) Ac primum de illis tribus, quae ante dixi, benevolentiae praecepta videamus; quae quidem capitur beneficiis maxime, secundo autem loco voluntate benefica benevolentia movetur, etiamsi res forte non suppetit; vehementer autem amor multitudinis commovetur ipsa fama et opinione liberalitatis, beneficentiae, iustitiae, fidei omniumque earum virtutum, quae pertinent ad mansuetudinem morum ac facilitatem. etenim illud ipsum, quod honestum decorumque dicimus, quia per se nobis placet animosque omnium natura et specie sua commovet maximeque quasi perlucet ex iis, quas commemoravi, virtutibus, idcirco illos, in quibus eas virtutes esse remur, a natura ipsa diligere cogimur. atque hae quidem causae diligendi gravissimae; possunt enim praeterea nonnullae esse leviores.

(33) Fides autem ut habeatur, duabus rebus effici potest: si existimabimur adepti coniunctam cum iustitia prudentiam. nam et iis fidem habemus, quos plus intellegere quam nos arbitramur quosque et futura prospicere credimus et, cum res agatur in discrimenque ventum sit, expedire rem et consilium ex tempore capere posse; hanc enim utilem homines existimant veramque prudentiam. iustis autem et fidis hominibus, id est bonis viris, ita fides

habetur, ut nulla sit in his fraudis iniuriaeque suspicio. itaque his salutem nostram, his fortunas, his liberos rectissime committi arbitramur. (34) harum igitur duarum ad fidem faciendam iustitia plus pollet, quippe cum ea sine prudentia satis habeat auctoritatis; prudentia sine iustitia nihil valet ad faciendam fidem. quo enim quis versutior et callidior, hoc invisior et suspectior detracta opinione probitatis. quam ob rem intellegentiae iustitia coniuncta, quantum volet, habebit ad faciendam fidem virium, iustitia sine prudentia multum poterit, sine iustitia nihil valebit prudentia.

Ein theoretischer Widerspruch?

(35) Sed ne quis sit admiratus, cur, cum inter omnes philosophos constet a meque ipso saepe disputatum sit, qui unam haberet, omnes habere virtutes, nunc ita seiungam, quasi possit quisquam, qui non idem prudens sit, iustus esse, alia est illa, cum veritas ipsa limatur in disputatione, subtilitas, alia, cum ad opinionem communem omnis accommodatur oratio. quam ob rem ut vulgus ita nos hoc loco loquimur, ut alios fortes, alios viros bonos, alios prudentes esse dicamus; popularibus enim verbis est agendum et usitatis, cum loquimur de opinione populari, idque eodem modo fecit Panaetius. sed ad propositum revertamur.

Überragende virtus erweckt Bewunderung

(36) Erat igitur ex iis tribus, quae ad gloriam pertinerent, hoc tertium, ut cum admiratione hominum honore ab his digni iudicaremur. admirantur igitur communiter illi quidem omnia, quae magna et praeter opinionem suam animadverterunt, separatim autem in singulis, si perspiciunt necopinata quaedam bona. itaque eos viros

suspiciunt maximisque efferunt laudibus, in quibus existimant se excellentes quasdam et singulares perspicere virtutes, despiciunt autem eos et contemnunt, in quibus nihil virtutis, nihil animi, nihil nervorum putant. non enim omnes eos contemnunt, de quibus male existimant. nam quos improbos, maledicos, fraudulentos putant et ad faciendam iniuriam instructos, eos contemnunt quidem neutiquam, sed de his male existimant. quam ob rem, ut ante dixi, contemnuntur ii, qui ‚nec sibi nec alteri‘, ut dicitur, in quibus nullus labor, nulla industria, nulla cura est. (37) admiratione autem afficiuntur ii, qui anteire ceteris virtute putantur et cum omni carere dedecore tum vero iis vitiis, quibus alii non facile possunt obsistere. nam et voluptates, blandissimae dominae, maioris partis animos a virtute detorquent et, dolorum cum admoventur faces, praeter modum plerique exterrentur; vita, mors, divitiae, paupertas omnes homines vehementissime permovent. quae qui in utramque partem excelso animo magnoque despiciunt, cumque aliqua iis ampla et honesta res obiecta est, totos ad se convertit et rapit, tum quis non admiretur splendorem pulchritudinemque virtutis?

Die Bedeutung der Gerechtigkeit für den Ruhm

(38) Ergo et haec animi despicientia admirabilitatem magnam facit et maxime iustitia, ex qua una virtute viri boni appellantur, mirifica quaedam multitudini videtur, nec iniuria. nemo enim iustus esse potest, qui mortem, qui dolorem, qui exilium, qui egestatem timet aut qui ea, quae sunt his contraria, aequitati anteponit. maximeque admirantur eum, qui pecunia non movetur; quod in quo viro perspectum sit, hunc igni spectatum arbitrantur. itaque illa tria, quae proposita sunt ad gloriam, omnia iustitia conficit: et benevolentiam, quod prodesse vult plurimis, et ob eandem causam fidem et admirationem,

quod eas res spernit et neglegit, ad quas plerique inflammati aviditate rapiuntur.

Ohne Gerechtigkeit gibt es keine Gemeinschaft

(39) Ac mea quidem sententia omnis ratio atque institutio vitae adiumenta hominum desiderat in primisque, ut habeat, quibuscum possit familiares conferre sermones; quod est difficile, nisi speciem prae te boni viri feras. ergo etiam solitario homini atque in agro vitam agenti opinio iustitiae necessaria est, eoque etiam magis, quod, eam si non habebunt, iniusti habebuntur, nullis praesidiis saepti multis afficientur iniuriis. (40) atque iis etiam, qui vendunt, emunt, conducunt, locant contrahendisque negotiis implicantur, iustitia ad rem gerendam necessaria est, cuius tanta vis est, ut ne illi quidem, qui maleficio et scelere pascuntur, possint sine ulla particula iustitiae vivere. nam qui eorum cuipiam, qui una latrocinantur, furatur aliquid aut eripit, is sibi ne in latrocinio quidem relinquit locum, ille autem, qui archipirata dicitur, nisi aequabiliter praedam dispertiat, aut interficiatur a sociis aut relinquatur. quin etiam leges latronum esse dicuntur, quibus pareant, quas observent.

Beispiele für erfolgreiche latrones, die durch gleichmäßige Verteilung der Beute zu großer, ja bedrohlicher Macht gelangten, sind zwei Guerillaführer: der Illyrer Bardulis (4. Jh.) und der Lusitanier Viriathus (2. Jh.), der antike Nationalheld Portugals.

Cum igitur tanta vis iustitiae sit, ut ea etiam latronum opes firmet atque augeat, quantam eius vim inter leges et iudicia et in constituta re publica fore putamus?

Der Wunsch nach Gerechtigkeit schuf reges und leges

(41) Mihi quidem non apud Medos solum, ut ait Herodotus, sed etiam apud maiores nostros iustitiae fruendae causa videntur olim bene morati reges constitu-

ti. nam cum premeretur in otio multitudo ab iis, qui maiores opes habebant, ad unum aliquem confugiebant virtute praestantem; qui cum prohiberet iniuria tenuiores, aequitate constituenda summos cum infimis pari iure retinebat. eademque constituendarum legum fuit causa quae regum. (42) ius enim semper est quaesitum aequabile; neque enim aliter esset ius. id si ab uno iusto et bono viro consequebantur, erant eo contenti; cum id minus contingeret, leges sunt inventae, quae cum omnibus semper una atque eadem voce loquerentur. ergo hoc quidem perspicuum est, eos ad imperandum deligi solitos, quorum de iustitia magna esset opinio multitudinis. adiuncto vero, ut idem etiam prudentes haberentur, nihil erat, quod homines iis auctoribus non posse consequi se arbitrarentur. omni igitur ratione colenda et retinenda iustitia est cum ipsa per sese — nam aliter iustitia non esset — tum propter amplificationem honoris et gloriae.

Wahrer Ruhm setzt Wirklichkeit, nicht Schein voraus

Sed ut pecuniae non quaerendae solum ratio est, verum etiam collocandae, quae perpetuos sumptus suppeditet, nec solum necessarios, sed etiam liberales, sic gloria et quaerenda et collocanda ratione est. (43) quamquam praeclare Socrates hanc viam ad gloriam proximam et quasi compendiariam dicebat esse, si quis id ageret, ut, qualis haberi vellet, talis esset. quod si qui simulatione et inani ostentatione et ficto non modo sermone, sed etiam vultu stabilem se gloriam consequi posse rentur, vehementer errant. vera gloria radices agit atque etiam propagatur, ficta omnia celeriter tamquam flosculi decidunt nec simulatum potest quicquam esse diuturnum. testes sunt permulti in utramque partem, sed brevitatis causa familia contenti erimus una. Tiberius enim Gracchus, P. f., tam diu laudabitur, dum memoria rerum Romanarum manebit, at eius filii nec vivi probabantur bonis et mortui numerum obtinent iure caesorum. qui igitur adipisci veram gloriam volet, iustitiae fungatur officiis. ea quae essent, dictum est in libro superiore.

Ciceros Sohn — Beispiel für die Bedeutung von Herkunft und Leistung

(44) Sed ut facillime, quales simus, tales esse videamur, etsi in eo ipso vis maxima est, ut simus ii, qui haberi velimus, tamen quaedam praecepta danda sunt. nam si quis ab ineunte aetate habet causam celebritatis et nominis aut a patre acceptam, quod tibi, mi Cicero, arbitror contigisse, aut aliquo casu atque fortuna, in hunc oculi omnium coniciuntur atque in eum, quid agat, quemadmodum vivat, inquiritur et, tamquam in clarissima luce versetur, ita nullum obscurum potest nec dictum eius esse nec factum. (45) quorum autem prima aetas propter humilitatem et obscuritatem in hominum ignoratione versatur, ii, simul ac iuvenes esse coeperunt, magna spectare et ad ea rectis studiis debent contendere; quod eo firmiore animo facient, quia non modo non invidetur illi aetati, verum etiam favetur. prima est igitur adulescenti commendatio ad gloriam, si qua ex bellicis rebus comparari potest, in qua multi apud maiores nostros exstiterunt; semper enim fere bella gerebantur. tua autem aetas incidit in id bellum, cuius altera pars sceleris nimium habuit, altera felicitatis parum. quo tamen in bello cum te Pompeius alae alteri praefecisset, magnam laudem et a summo viro et ab exercitu consequebare equitando, iaculando, omni militari labore tolerando. atque ea quidem tua laus pariter cum re publica cecidit. mihi autem

haec oratio suscepta non de te est, sed de genere toto; quam ob rem pergamus ad ea, quae restant.

Richtiges Verhalten junger Menschen, die nach Ruhm streben

(46) Ut igitur in reliquis rebus multo maiora opera sunt animi quam corporis, sic eae res, quas ingenio ac ratione persequimur, gratiores sunt quam illae, quas viribus. prima igitur commendatio proficiscitur a modestia, tum pietate in parentes, in suos benevolentia. facillime autem et in optimam partem cognoscuntur adulescentes, qui se ad claros et sapientes viros bene consulentes rei publicae contulerunt; quibuscum si frequentes sunt, opinionem afferunt populo eorum fore se similes, quos sibi ipsi delegerint ad imitandum. (47) P. Rutilii adulescentiam ad opinionem et innocentiae et iuris scientiae P. Mucii commendavit domus. nam L. quidem Crassus, cum esset admodum adulescens, non aliunde mutuatus est, sed sibi ipse peperit maximam laudem ex illa accusatione nobili et gloriosa et, qua aetate qui exercentur, laude affici solent, ut de Demosthene accepimus, ea aetate L. Crassus ostendit id se in foro optime iam facere, quod etiam tum poterat domi cum laude meditari.

Die Kunst der Rede als Weg zum Ruhm

(48) Sed cum duplex ratio sit orationis, quarum in altera sermo sit, in altera contentio, non est id quidem dubium, quin contentio orationis maiorem vim habeat ad gloriam – ea est enim, quam eloquentiam dicimus –; sed tamen difficile dictu est, quantopere conciliet animos comitas affabilitasque sermonis. exstant epistulae et Philippi ad Alexandrum et Antipatri ad Cassandrum et Antigoni ad Philippum filium, trium prudentissimorum – sic enim accepimus –; quibus praecipiunt, ut oratione benigna multitudinis animos ad benevolentiam alliciant milites-

que blande appellando sermone deleniant. quae autem in multitudine cum contentione habetur oratio, ea saepe universam excitat gloriam. magna est enim admiratio copiose sapienterque dicentis; quem qui audiunt, intellegere etiam et sapere plus quam ceteros arbitrantur. si vero inest in oratione mixta modestia gravitas, nihil admirabilius fieri potest, eoque magis, si ea sunt in adulescente.

(49) Sed cum sint plura causarum genera, quae eloquentiam desiderent, multique in nostra re publica adulescentes et apud iudices et apud populum et apud senatum dicendo laudem assecuti sint, maxima est admiratio in iudiciis. quorum ratio duplex est. nam ex accusatione et ex defensione constat; quarum etsi laudabilior est defensio, tamen etiam accusatio probata persaepe est. dixi paulo ante de Crasso; idem fecit adulescens M. Antonius. etiam P. Sulpicii eloquentiam accusatio illustravit, cum seditiosum et inutilem civem, C. Norbanum, in iudicium vocavit. (50) sed hoc quidem non est saepe faciendum nec umquam nisi aut rei publicae causa, ut ii, quos ante dixi, aut ulciscendi gratia, ut duo Luculli, aut patrocinii, ut nos pro Siculis, pro Sardis in Albucio Iulius. in accusando etiam M.' Aquilio L. Fufii cognita industria est. semel igitur aut non saepe certe. sin erit, cui faciendum sit saepius, rei publicae tribuat hoc muneris, cuius inimicos ulcisci saepius non est reprehendendum; modus tamen adsit. duri enim hominis vel potius vix hominis videtur periculum capitis inferre multis. id cum periculosum ipsi est tum etiam sordidum ad famam, committere, ut accusator nominere; quod contigit M. Bruto, summo genere nato, illius filio, qui iuris civilis in primis peritus fuit.

Forensische Beredsamkeit und Moral

(51) Atque etiam hoc praeceptum officii diligenter tenendum est, ne quem umquam innocentem iudicio

capitis arcessas; id enim sine scelere fieri nullo pacto potest. nam quid est tam inhumanum quam eloquentiam a natura ad salutem hominum et ad conservationem datam ad bonorum pestem perniciemque convertere? nec tamen, ut hoc fugiendum est, item est habendum religioni nocentem aliquando, modo ne nefarium impiumque defendere: vult hoc multitudo, patitur consuetudo, fert etiam humanitas. iudicis est semper in causis verum sequi, patroni nonnumquam veri simile, etiam si minus sit verum, defendere; quod scribere, praesertim cum de philosophia scriberem, non auderem, nisi idem placeret gravissimo Stoicorum, Panaetio. maxime autem et gloria paritur et gratia defensionibus, eoque maior, si quando accidit, ut ei subveniatur, qui potentis alicuius opibus circumveniri urgerique videatur, ut nos et saepe alias et adulescentes contra L. Sullae dominantis opes pro Sex. Roscio Amerino fecimus, quae, ut scis, exstat oratio.

52–71 Beliebtheit und Einfluß (gratia) erlangt man schließlich auch durch Wohltätigkeit und Großzügigkeit (beneficentia et liberalitas; eleuthēriótēs). Der – besonders für Reiche – bequeme Weg sind Geldausgaben und -geschenke, der ehrenhaftere und würdigere persönliche Bemühungen. Durch opera gewinnt man adiutores für künftige Wohltätigkeit; wer dagegen Geschenke annimmt, wird schlechter (deterior): largitio corruptela est. Bedürftigen muß freilich aus eigenen Mitteln geholfen werden – diligenter et moderate. Freigebige (largi) sind entweder Verschwender (prodigi), die ihr Geld mit Fleischspenden und Gladiatorenspielen vergeuden, oder großzügige Menschen (liberales), die Gefangene loskaufen, Schulden übernehmen und anderen bei der Verheiratung ihrer Töchter oder bei der Vermögensbildung helfen. Mit Recht wird die Verschwendung von Geld (pecuniarum effusiones) zur Gewinnung der Volksgunst (ad multitudinem deleniendam) getadelt. Das Erreichen einer res maior atque utilior kann allerdings eine Schenkung an das Volk (largitio popularis) rechtfertigen, wobei mediocritatis regula optima est. Besondere Leistungen (munera) hat das Volk immer (iam bonis temporibus!) von den Ädilen erwartet: wer dieses Amt scheut, setzt sich dem Verdacht des Geizes (suspicio avaritiae) aus. Cicero selbst ist es gelungen, den Aufwand seinen Mitteln entsprechend (pro facultatibus) gering zu halten. Nützlicher als Spenden (wenn auch im Augenblick weniger angenehm) sind Bauten: muri, navalia (Werften, Docks), portus, aquarum ductus. Was die bedeutendsten Philosophen (doctissimi), darunter Panaitios, nicht billigen, sind theatra, porticus, nova templa; Cicero übt Pompeius zuliebe nur leise Kritik. Wertvoller als Schenkungen ist die traditionelle Wohltätigkeit (consuetudo benignitatis) des Senatorenstandes gegenüber in Not Geratenen. Zur liberalitas gehört die Gastlichkeit (hospitalitas), die das decorum (geselliger Verkehr der homines illustres) mit dem utile (hospites externi) verbindet. Wohltaten durch persönlichen Einsatz (opera) kann man sowohl der res publica als auch einzelnen Mitbürgern erweisen. Hierzu gehören sachkundiger Rat, Beistand vor Gericht, Wachsamkeit pro re alterius, Fürsprache und Empfehlung. Beim ‚Anlegen' von Wohltaten (in beneficiis collocandis) kommt es angeblich (vulgo loquuntur) nicht auf die fortuna, sondern auf die mores des Empfängers an, doch in Wirklichkeit hilft man lieber – in der Hoffnung auf Gegenleistung (remuneratio) – dem fortunatus et potens. Weil aber die Verteidigung eines armen, aber anständigen und bescheidenen Mannes ein größeres Echo findet (denn: omnes non improbi humiles, quae magna in populo multitudo est, praesidium sibi (!) paratum vident), sind bei guten Menschen Wohltaten besser ‚angelegt' als bei erfolgreichen. Und einem armen, ehrenhaften Manne soll man die Tochter lieber zur Frau geben als einem reichen, weniger geachteten: dies war der Rat des Themistokles. Sed corrupti mores depravatique sunt admiratione divitiarum; quarum magnitudo quid ad unumquemque nostrum pertinet? Der Reichtum eines rechtschaffenen Menschen darf deshalb auch kein Hinderungsgrund sein, ihm zu helfen. Oberstes Gebot für Gefälligkeiten bleibt die Vereinbarkeit mit dem Rechtsgefühl (aequitas); fundamentum enim est perpetuae commendationis et famae iustitia, sine qua nihil potest esse laudabile.

Persönlicher Einsatz für Mitbürger und Dienst am Staat

(72) Sed quoniam de eo genere beneficiorum dictum est, quae ad singulos spectant, deinceps de iis, quae ad universos quaeque ad rem publicam pertinent, disputandum est. eorum autem ipsorum partim eius modi sunt, ut ad universos cives pertineant, partim, singulos ut attingant, quae sunt etiam gratiora. danda opera est omnino, si possit, utrisque, nec minus, ut etiam singulis consulatur, sed ita, ut ea res aut prosit aut certe ne obsit rei publicae. C. Gracchi frumentaria magna largitio, exhauriebat igitur aerarium; modica M. Octavii et rei publicae tolerabilis et plebi necessaria, ergo et civibus et rei publicae salutaris.

Der Schutz des Eigentums als Aufgabe der Politik

(73) In primis autem videndum erit ei, qui rem publicam administrabit, ut suum quisque teneat neque de bonis privatorum publice deminutio fiat. perniciose enim Philippus, in tribunatu cum legem agrariam ferret, quam tamen antiquari facile passus est et in eo vehementer se moderatum praebuit – sed cum in agendo multa populariter tum illud male, „non esse in civitate duo milia

hominum, qui rem haberent.' capitalis oratio est, ad aequationem bonorum pertinens; qua peste quae potest esse maior? hanc enim ob causam maxime, ut sua tenerentur, res publicae civitatesque constitutae sunt. nam, etsi duce natura congregabantur homines, tamen spe custodiae rerum suarum urbium praesidia quaerebant.

Besteuerung und Existenzsicherung

(74) Danda etiam opera est, ne, quod apud maiores nostros saepe fiebat propter aerarii tenuitatem assiduitatemque bellorum, tributum sit conferendum, idque ne eveniat, multo ante erit providendum. sin quae necessitas huius muneris alicui rei publicae obvenerit – malo enim quam nostrae ominari neque tamen de nostra, sed de omni re publica disputo –, danda erit opera, ut omnes intellegant, si salvi esse velint, necessitati esse parendum. atque etiam omnes, qui rem publicam gubernabunt, consulere debebunt, ut earum rerum copia sit, quae sunt ad victum necessariae. quarum qualis comparatio fieri soleat et debeat, non est necesse disputare; est enim in promptu. tantum locus attingendus fuit.

Staatsmänner dürfen sich nicht im Amt bereichern

(75) Caput autem est in omni procuratione negotii et muneris publici, ut avaritiae pellatur etiam minima suspicio. ,Utinam', inquit C. Pontius Samnis, ,ad illa tempora me fortuna reservavisset et tum essem natus, quando Romani dona accipere coepissent! non essem passus diutius eos imperare.' ne illi multa saecula exspectanda fuerunt; modo enim hoc malum in hanc rem publicam invasit. itaque facile patior tum potius Pontium fuisse,

si quidem in illo tantum fuit roboris. nondum centum et decem anni sunt, cum de pecuniis repetundis a L. Pisone lata lex est, nulla antea cum fuisset. at vero postea tot leges et proximae quaeque duriores, tot rei, tot damnati, tantum Italicum bellum propter iudiciorum metum excitatum, tanta sublatis legibus et iudiciis expilatio direptioque sociorum, ut imbecillitate aliorum, non nostra virtute valeamus.

(76) Laudat Africanum Panaetius, quod fuerit abstinens. quidni laudet? sed in illo alia maiora; laus abstinentiae non hominis est solum, sed etiam temporum illorum. omni Macedonum gaza, quae fuit maxima, potitus est Paullus; tantum in aerarium pecuniae invexit, ut unius imperatoris praeda finem attulerit tributorum. at hic nihil domum suam intulit praeter memoriam nominis sempiternam. imitatus patrem Africanus nihilo locupletior Carthagine eversa. quid? qui eius collega fuit in censura, L. Mummius, numquid copiosior, cum copiosissimam urbem funditus sustulisset? Italiam ornare quam domum suam maluit; quamquam Italia ornata domus ipsa mihi videtur ornatior. (77) nullum igitur vitium taetrius est – ut eo, unde digressa est, referat se oratio – quam avaritia, praesertim in principibus et rem publicam gubernantibus. habere enim quaestui rem publicam non modo turpe est, sed sceleratum etiam et nefarium. itaque, quod Apollo Pythius oraclum edidit, Spartam nulla re alia nisi avaritia esse perituram, id videtur non solum Lacedaemoniis, sed etiam omnibus opulentis populis praedixisse. nulla autem re conciliare facilius benevolentiam multitudinis possunt ii, qui rei publicae praesunt, quam abstinentia et continentia.

Falsche Sozialpolitik durch Ackergesetze und Schuldenerlaß

(78) Qui vero se populares volunt ob eamque causam aut agrariam rem temptant, ut possessores pellantur suis sedibus, aut pecunias creditas debitoribus condonandas

putant, labefactant fundamenta rei publicae, concordiam primum, quae esse non potest, cum aliis adimuntur, aliis condonantur pecuniae, deinde aequitatem, quae tollitur omnis, si habere suum cuique non licet. id enim est proprium, ut supra dixi, civitatis atque urbis, ut sit libera et non sollicita suae rei cuiusque custodia. (79) atque in hac pernicie rei publicae ne illam quidem consequuntur, quam putant, gratiam. nam cui res erepta est, est inimicus; cui data est, etiam dissimulat se accipere voluisse et maxime in pecuniis creditis occultat suum gaudium, ne videatur non fuisse solvendo. at vero ille, qui accepit iniuriam, et meminit et prae se fert dolorem suum, nec, si plures sint ii, quibus improbe datum est, quam illi, quibus iniuste ademptum est, idcirco plus etiam valent; non enim numero haec iudicantur, sed pondere. quam autem habet aequitatem, ut agrum multis annis aut etiam saeculis ante possessum, qui nullum habuit, habeat, qui autem habuit, amittat?

(80) Ac propter hoc iniuriae genus Lacedaemonii Lysandrum ephorum expulerunt, Agim regem, quod numquam antea apud eos acciderat, necaverunt exque eo tempore tantae discordiae secutae sunt, ut et tyranni exsisterent et optimates exterminarentur et praeclarissime constituta res publica dilaberetur. nec vero solum ipsa cecidit, sed etiam reliquam Graeciam evertit contagionibus malorum, quae a Lacedaemoniis profectae manarunt latius. quid? nostros Gracchos, Ti. Gracchi summi viri filios, Africani nepotes, nonne agrariae contentiones perdiderunt?

Sozialer Friede durch behutsame Wiedergutmachung

(81) At vero Aratus Sicyonius iure laudatur, qui, cum eius civitas quinquaginta annos a tyrannis teneretur, profectus Argis Sicyonem clandestino introitu urbe est potitus, cumque tyrannum Nicoclem improviso oppressis-

set, sescentos exsules, qui locupletissimi fuerant eius civitatis, restituit remque publicam adventu suo liberavit. sed cum magnam animadverteret in bonis et possessionibus difficultatem, quod et eos, quos ipse restituerat, quorum bona alii possederant, egere iniquissimum esse arbitrabatur et quinquaginta annorum possessiones movere non nimis aequum putabat, propterea quod tam longo spatio multa hereditatibus, multa emptionibus, multa dotibus tenebantur sine iniuria, iudicavit neque illis adimi nec iis non satisfieri, quorum illa fuerant, oportere. (82) cum igitur statuisset opus esse ad eam rem constituendam pecunia, Alexandream se proficisci velle dixit remque integram ad reditum suum iussit esse. isque celeriter ad Ptolomaeum, suum hospitem, venit, qui tum regnabat alter post Alexandream conditam. cui cum exposuisset patriam se liberare velle causamque docuisset, a rege opulento vir summus facile impetravit, ut grandi pecunia adiuvaretur. quam cum Sicyonem attulisset, adhibuit sibi in consilium quindecim principes, cum quibus causas cognovit et eorum, qui aliena tenebant, et eorum, qui sua amiserant, perfecitque aestimandis possessionibus, ut persuaderet aliis, ut pecuniam accipere mallent, possessionibus cederent, aliis, ut commodius putarent numerari sibi, quod tanti esset, quam suum recuperare. ita perfectum est, ut omnes concordia constituta sine querella discederent.

(83) O virum magnum dignumque, qui in re publica nostra natus esset! sic par est agere cum civibus, non, ut bis iam vidimus, hastam in foro ponere et bona civium voci subicere praeconis. at ille Graecus, id quod fuit sapientis et praestantis viri, omnibus consulendum putavit, eaque est summa ratio et sapientia boni civis, commoda civium non divellere atque omnis aequitate eadem continere.

Habitent gratis in alieno. quid ita? ut, cum ego emerim, aedificarim, tuear, impendam, tu me invito fruare meo? quid est aliud aliis sua eripere, aliis dare aliena? (84) tabulae vero novae quid habent argumenti, nisi ut emas mea pecunia fundum, eum tu habeas, ego non habeam pecuniam?

Private Verschuldung berührt das Gemeinwohl

Quam ob rem ne sit aes alienum, quod rei publicae noceat, providendum est, quod multis rationibus caveri potest, non, si fuerit, ut locupletes suum perdant, debitores lucrentur alienum. nec enim ulla res vehementius rem publicam continet quam fides, quae esse nulla potest, nisi erit necessaria solutio rerum creditarum. numquam vehementius actum est quam me consule, ne solveretur: armis et castris temptata res est ab omni genere hominum et ordine; quibus ita restiti, ut hoc totum malum de re publica tolleretur. numquam nec maius aes alienum fuit nec melius nec facilius dissolutum est; fraudandi enim spe sublata solvendi necessitas consecuta est. at vero hic nunc victor, tum quidem victus, quae cogitarat, cum ipsius intererat, tum ea perfecit, cum eius iam nihil interesset. tanta in eo peccandi libido fuit, ut hoc ipsum eum delectaret, peccare, etiam si causa non esset.

Die Verantworung des Staatsmannes für Rechtsgleichheit und Machtzuwachs

(85) Ab hoc igitur genere largitionis, ut aliis detur, aliis auferatur, aberunt ii, qui rem publicam tuebuntur, in primisque operam dabunt, ut iuris et iudiciorum aequitate suum quisque teneat et neque tenuiores propter humilitatem circumveniantur neque locupletibus ad sua vel tenen-

da vel recuperanda obsit invidia, praeterea, quibuscumque rebus vel belli vel domi poterunt, rem publicam augeant imperio, agris, vectigalibus. haec magnorum hominum sunt, haec apud maiores nostros factitata, haec genera officiorum qui persequuntur, cum summa utilitate rei publicae magnam ipsi adipiscentur et gratiam et gloriam.

86–88 Nützliche Dinge, die eigentlich keiner philosophischen Betrachtung bedürfen, sind Gesundheit und Geld. Die Gesundheit wird aufrechterhalten durch die Kenntnis des eigenen Körpers und dessen, was ihm nützt oder schadet, durch eine maßvolle Lebensweise und durch das Geschick der Ärzte. Besitz soll ehrenhaft erworben, durch Sorgfalt und Sparsamkeit erhalten und ebenso vermehrt werden; hierzu verweist Cicero auf Xenophons ‚Oikonomikos‘, eine Schrift über die Führung eines Gutshaushaltes: er selbst hat sie im Alter des Adressaten, seines Sohnes Marcus, übersetzt. Die bei Panaitios vermißte comparatio utilitatum gibt Cic. selbst nur umrißhaft. Körperliche Vorzüge und Annehmlichkeiten (corporis commoda: bona valetudo, vires, celeritas, voluptas) und äußere Güter (externa: gloria, divitiae) lassen sich jeweils untereinander vergleichen und gegeneinander abwägen.

Nützlich oder verbrecherisch?

(89) Ex quo genere comparationis illud est Catonis senis; a quo cum quaereretur, quid maxime in re familiari expediret, respondit: ‚Bene pascere‘; quid secundum: ‚Satis bene pascere‘; quid tertium: ‚Male pascere‘; quid quartum: ‚Arare.‘ et cum ille, qui quaesierat, dixisset: ‚Quid faenerari?‘, tum Cato ‚Quid hominem‘, inquit, ‚occidere?‘.

LIBER TERTIUS

Prooemium

Erwünschte Ruhe, erzwungene Muße, schöpferische Einsamkeit

(1) P. Scipionem, Marce fili, eum, qui primus Africanus appellatus est, dicere solitum scripsit Cato, qui fuit eius fere aequalis, numquam se minus otiosum esse, quam cum otiosus, nec minus solum, quam cum solus esset. magnifica vero vox et magno viro ac sapiente digna; quae declarat illum et in otio de negotiis cogitare et in solitudine secum loqui solitum, ut neque cessaret umquam et interdum colloquio alterius non egeret. ita duae res, quae languorem afferunt ceteris, illum acuebant, otium et solitudo. vellem nobis hoc idem vere dicere liceret, sed si minus imitatione tantam ingenii praestantiam consequi possumus, voluntate certe proxime accedimus. nam et a re publica forensibusque negotiis armis impiis vique prohibiti otium persequimur et ob eam causam urbe relicta rura peragrantes saepe soli sumus. (2) sed nec hoc otium cum Africani otio nec haec solitudo cum illa comparanda est. ille enim requiescens a rei publicae pulcherrimis muneribus otium sibi sumebat aliquando et coetu hominum frequentiaque interdum tamquam in portum se in solitudinem recipiebat, nostrum autem otium negotii inopia, non requiescendi studio constitutum est. exstincto enim senatu deletisque iudiciis quid est, quod dignum nobis aut in curia aut in foro agere possimus? (3) ita, qui in maxima celebritate atque in oculis civium quondam vixerimus, nunc fugientes conspectum sceleratorum, quibus omnia redundant, abdimus nos, quantum licet, et saepe soli sumus. sed quia sic ab hominibus doctis accepimus, non solum ex malis eligere minima oportere, sed etiam

excerpere ex his ipsis, si quid inesset boni, propterea et otio fruor – non illo quidem, quo debeat is, qui quondam peperisset otium civitati – nec eam solitudinem languere patior, quam mihi affert necessitas, non voluntas. (4) quamquam Africanus maiorem laudem meo iudicio assequebatur. nulla enim eius ingenii monumenta mandata litteris, nullum opus otii, nullum solitudinis munus exstat; ex quo intellegi debet illum mentis agitatione investigationeque earum rerum, quas cogitando consequebatur, nec otiosum nec solum umquam fuisse; nos autem, qui non tantum roboris habemus, ut cogitatione tacita a solitudine abstrahamur, ad hanc scribendi operam omne studium curamque convertimus. itaque plura brevi tempore eversa quam multis annis stante re publica scripsimus.

Wird das Studium des Sohnes die Erwartungen des Vaters erfüllen?

(5) Sed cum tota philosophia, mi Cicero, frugifera et fructuosa nec ulla pars eius inculta ac deserta sit, tum nullus feracior in ea locus est nec uberior quam de officiis, a quibus constanter honesteque vivendi praecepta ducuntur. quare, quamquam a Cratippo nostro, principe huius memoriae philosophorum, haec te assidue audire atque accipere confido, tamen conducere arbitror talibus aures tuas vocibus undique circumsonare nec eas, si fieri possit, quicquam aliud audire. (6) quod cum omnibus est faciendum, qui vitam honestam ingredi cogitant, tum haud scio an nemini potius quam tibi; sustines enim non parvam exspectationem imitandae industriae nostrae, magnam honorum, non nullam fortasse nominis. suscepisti onus praeterea grave et Athenarum et Cratippi; ad quos cum tamquam ad mercaturam bonarum artium sis profectus, inanem redire turpissimum est dedecorantem et urbis auctoritatem et magistri. quare, quantum coniti animo

potes, quantum labore contendere, si discendi labor est potius quam voluptas, tantum fac ut efficias neve committas, ut, cum omnia suppeditata sint a nobis, tute tibi defuisse videare. sed haec hactenus; multa enim saepe ad te cohortandi gratia scripsimus; nunc ad reliquam partem propositae divisionis revertamur.

Dritter Teil

Der Konflikt zwischen Sittlichkeit und Nutzen

Einleitung

7–13 Panaitios hat seine Ankündigung, nach dem Ehrenhaften und dem Nützlichen den (scheinbaren) Gegensatz zwischen honestum und utile darzustellen, nicht wahrgemacht. Dies ist um so erstaunlicher, als er, wie sein Schüler Poseidonios überliefert, nach der Veröffentlichung jener beiden Teile (in drei Büchern) noch dreißig Jahre gelebt hat. Poseidonios selbst hat das Thema, von dessen Wichtigkeit er überzeugt war, nur kurz berührt. Ein römischer Hörer des Panaitios verglich dessen unvollendetes Werk über die Pflicht mit der unfertig gebliebenen Aphrodite von Kos des Malers Apelles: niemand habe es sich nach dem Tode des Meisters zugetraut, etwas so Vortreffliches in gleicher Qualität zu Ende zu führen. Einige meinen allerdings, Panaitios hätte den dritten Teil seiner Untersuchung nicht einmal planen dürfen; denn für ihn ist das Ehrenhafte das einzige Gut. Das summum bonum der Stoiker, convenienter naturae vivere, bedeutet ein Leben in ständigem Einklang mit der virtus; was wir sonst noch an Naturgemäßem wählen, muß mit ihr vereinbar sein. Ist es dann überhaupt sinnvoll, einen Vergleich zwischen dem honestum und der species utilitatis anzustellen?

Anweisungen zum rechten Handeln für alle Menschen

Atque illud quidem honestum, quod proprie vereque dicitur, id in sapientibus est solis neque a virtute divelli umquam potest; in iis autem, in quibus sapientia perfecta non est, ipsum illud quidem perfectum honestum nullo modo, similitudines honesti esse possunt. (14) haec enim officia, de quibus his libris disputamus, media Stoici appellant; ea communia sunt et late patent; quae et ingenii bonitate multi assequuntur et progressione discendi. illud autem officium, quod rectum idem appellant, perfectum atque absolutum est et, ut idem dicunt, omnes numeros habet nec praeter sapientem cadere in quemquam potest. (15) cum autem aliquid actum est, in quo media officia compareant, id cumulate videtur esse perfectum, propterea quod vulgus, quod absit a perfecto, non fere intellegit; quatenus autem intellegit, nihil putat praetermissum, quod idem in poematis, in picturis usu venit in aliisque compluribus, ut delectentur imperiti laudentque ea, quae laudanda non sint, ob eam, credo, causam, quod insit in his aliquid probi, quod capiat ignaros, qui idem, quid in unaquaque re vitii sit, nequeant iudicare. itaque, cum sunt docti a peritis, desistunt facile sententia. haec igitur officia, de quibus his libris disserimus, quasi secunda quaedam honesta esse dicunt, non sapientium modo propria, sed cum omni hominum genere communia. (16) itaque iis omnes, in quibus est virtutis indoles, commoventur.

16–18 Nicht als Muster an Weisheit im philosophischen Sinne, sondern aufgrund häufiger Erfüllung solcher media officia können die Decier oder die Scipionen fortes, Fabricius oder Aristides iustus, Cato, Laelius und die Sieben Weisen des alten Griechenland sapientes genannt werden. Daher verbietet nicht nur das eigentliche honestum, sondern auch das, was wir im allgemeinen darunter verstehen, daß ihm der Nutzen gegenübergestellt wird, und verlangt aufmerksame Beachtung; sonst gibt es kein gesichertes Fortschreiten auf dem Wege zur virtus. Beim Vergleich des honestum mit dem utile aber kommen den Menschen (Panaitios sagt ‚für gewöhnlich‘, nicht ‚notwendig‘) Zweifel.

Das Problem des Tyrannenmordes

Quid ergo est, quod nonnumquam dubitationem afferre soleat considerandumque videatur? credo, si quando dubitatio accidit, quale sit id, de quo consideretur. (19) saepe enim tempore fit, ut, quod turpe plerumque haberi soleat, inveniatur non esse turpe. exempli causa ponatur aliquid, quod pateat latius. quod potest maius scelus quam non modo hominem, sed etiam familiarem hominem occidere? num igitur se adstrinxit scelere, si qui tyrannum occidit quamvis familiarem? populo quidem Romano non videtur, qui ex omnibus praeclaris factis illud pulcherrimum existimat. vicit ergo utilitas honestatem? immo vero honestas utilitatem secuta est.

Eine ethische Formel für Zweifelsfälle

Itaque, ut sine ullo errore diiudicare possimus, si quando cum illo, quod honestum intellegimus, pugnare id videbitur, quod appellamus utile, formula quaedam constituenda est; quam si sequemur in comparatione rerum, ab officio numquam recedemus. (20) erit autem haec formula Stoicorum rationi disciplinaeque maxime consentanea; quam quidem his libris propterea sequimur, quod, quamquam et a veteribus Academicis et a Peripateticis vestris, qui quondam idem erant qui Academici, quae honesta sunt, anteponuntur iis, quae videntur utilia, tamen splendidius haec ab eis disserentur, quibus, quidquid honestum est, idem utile videtur nec utile quicquam, quod non honestum, quam ab iis, quibus et honestum aliquid non utile aut utile non honestum. nobis autem nostra Academia magnam licentiam dat, ut, quodcumque maxime probabile occurrat, id nostro iure liceat defendere. sed redeo ad formulam.

Man darf anderen nicht um eigener Vorteile willen schaden

(21) Detrahere igitur alteri aliquid et hominem hominis incommodo suum commodum augere magis est contra naturam quam mors, quam paupertas, quam dolor, quam cetera, quae possunt aut corpori accidere aut rebus externis. nam principio tollit convictum humanum et societatem. si enim sic erimus affecti, ut propter suum quisque emolumentum spoliet aut violet alterum, disrumpi necesse est eam, quae maxime est secundum naturam, humani generis societatem. (22) ut, si unumquodque membrum sensum hunc haberet, ut posse putaret se valere, si proximi membri valetudinem ad se traduxisset, debilitari et interire totum corpus necesse esset, sic, si unusquisque nostrum ad se rapiat commoda aliorum detrahatque, quod cuique possit, emolumenti sui gratia, societas hominum et communitas evertatur necesse est. nam sibi ut quisque malit, quod ad usum vitae pertineat, quam alteri adquirere, concessum est non repugnante natura; illud natura non patitur, ut aliorum spoliis nostras facultates, copias, opes augeamus. (23) neque vero hoc solum natura, id est iure gentium, sed etiam legibus populorum, quibus in singulis civitatibus res publica continetur, eodem modo constitutum est, ut non liceat sui commodi causa nocere alteri. hoc enim spectant leges, hoc volunt, incolumem

esse civium coniunctionem; quam qui dirimunt, eos morte, exsilio, vinclis, damno coercent.

Sozialverhalten im Einklang mit der Weltordnung

Atque hoc multo magis efficit ipsa naturae ratio, quae est lex divina et humana; cui parere qui velit – omnes autem parebunt, qui secundum naturam volent vivere –, numquam committet, ut alienum appetat et id, quod alteri detraxerit, sibi assumat. (24) etenim multo magis est secundum naturam excelsitas animi et magnitudo itemque comitas, iustitia, liberalitas quam voluptas, quam vita, quam divitiae; quae quidem contemnere et pro nihilo ducere comparantem cum utilitate communi magni animi et excelsi est. (25) itemque magis est secundum naturam pro omnibus gentibus, si fieri possit, conservandis aut iuvandis maximos labores molestiasque suscipere imitantem Herculem illum, quem hominum fama beneficiorum memor in concilio caelestium collocavit, quam vivere in solitudine non modo sine ullis molestiis, sed etiam in maximis voluptatibus abundantem omnibus copiis, ut excellas etiam pulchritudine et viribus. quocirca optimo quisque et splendidissimo ingenio longe illam vitam huic anteponit. ex quo efficitur hominem naturae oboedientem homini nocere non posse.

Falsches Handeln beruht auf falschem Denken

(26) Deinde, qui alterum violat, ut ipse aliquid commodi consequatur, aut nihil existimat se facere contra naturam aut magis fugienda censet mortem, paupertatem, dolorem, amissionem etiam liberorum, propinquorum, amicorum quam facere cuiquam iniuriam. si nihil existimat contra naturam fieri hominibus violandis, quid cum eo disseras, qui omnino hominem ex homine tollat? sin fugiendum id quidem censet, sed multo illa peiora, mor-

tem, paupertatem, dolorem, errat in eo, quod ullum aut corporis aut fortunae vitium vitiis animi gravius existimat. ergo unum debet esse omnibus propositum, ut eadem sit utilitas uniuscuiusque et universorum; quam si ad se quisque rapiet, dissolvetur omnis humana consortio.

Der Nutzen des Individuums ist der Nutzen der Gemeinschaft

(27) Atque etiam, si hoc natura praescribit, ut homo homini, quicumque sit, ob eam ipsam causam, quod is homo sit, consultum velit, necesse est secundum eandem naturam omnium utilitatem esse communem. quod si ita est, una continemur omnes et eadem lege naturae, idque ipsum si ita est, certe violare alterum naturae lege prohibemur. verum autem primum, verum igitur extremum. (28) nam illud quidem absurdum est, quod quidam dicunt, parenti se aut fratri nihil detracturos sui commodi causa, aliam rationem esse civium reliquorum. hi sibi nihil iuris, nullam societatem communis utilitatis causa statuunt esse cum civibus, quae sententia omnem societatem distrahit civitatis. qui autem civium rationem dicunt habendam, externorum negant, ii dirimunt communem humani generis societatem; qua sublata beneficentia, liberalitas, bonitas, iustitia funditus tollitur; quae qui tollunt, etiam adversus deos immortales impii iudicandi sunt. ab iis enim constitutam inter homines societatem evertunt, cuius societatis artissimum vinculum est magis arbitrari esse contra naturam hominem homini detrahere sui commodi causa quam omnia incommoda subire vel externa vel corporis vel etiam ipsius animi, quae vacent iustitia; haec enim una virtus omnium est domina et regina virtutum.

Der gesellschaftliche Wert des Individuums in Grenzfällen

(29) Forsitan quispiam dixerit: Nonne igitur sapiens, si fame ipse conficiatur, abstulerit cibum alteri homini ad

nullam rem utili? – Minime vero; non enim mihi est vita mea utilior quam animi talis affectio, neminem ut violem commodi mei gratia. – Quid? si Phalarim, crudelem tyrannum et immanem, vir bonus, ne ipse frigore conficiatur, vestitu spoliare possit, nonne faciat? – (30) Haec ad iudicandum sunt facillima. nam, si quid ab homine ad nullam partem utili utilitatis tuae causa detraxeris, inhumane feceris contraque naturae legem; sin autem is tu sis, qui multam utilitatem rei publicae atque hominum societati, si in vita remaneas, afferre possis, si quid ob eam causam alteri detraxeris, non sit reprehendendum. sin autem id non sit eiusmodi, suum cuique incommodum ferendum est potius quam de alterius commodis detrahendum. non igitur magis est contra naturam morbus aut egestas aut quid eiusmodi quam detractio atque appetitio alieni, sed communis utilitatis derelictio contra naturam est; est enim iniusta. (31) itaque lex ipsa naturae, quae utilitatem hominum conservat et continet, decernet profecto, ut ab homine inerti atque inutili ad sapientem, bonum, fortem virum transferantur res ad vivendum necessariae, qui si occiderit, multum de communi utilitate detraxerit, modo hoc ita faciat, ut ne ipse de se bene existimans seseque diligens hanc causam habeat ad iniuriam, ita semper officio fungetur utilitati consulens hominum et ei, quam saepe commemoro, humanae societati. (32) nam quod ad Phalarim attinet, perfacile iudicium est. nulla est enim societas nobis cum tyrannis et potius summa distractio est, neque est contra naturam spoliare eum, si possis, quem est honestum necare, atque hoc omne genus pestiferum atque impium ex hominum communitate exterminandum est. etenim, ut membra quaedam amputantur, si et ipsa sanguine et tamquam spiritu carere coeperunt et nocent reliquis partibus corporis, sic ista in figura hominis feritas et immanitas beluae a communi tamquam humanitate corporis segreganda est. huius generis quaestiones sunt omnes eae, in quibus ex tempore officium exquiritur.

33–34 Fragen dieser Art wäre Panaitios vermutlich nachgegangen, hätte er sein Vorhaben ausführen können. Für den Abschluß des Werkes durch Cicero gelte in der Art eines mathematischen Axioms der Satz, daß allein das moralisch Richtige um seiner selbst willen erstrebenswert sei, oder (mit Rücksicht auf Kratippos) seine peripatetische Fassung, nach der es am meisten propter se expetendum sei. Den scheinbaren Widerspruch zwischen honestum und utile hat Panaitios nicht eingeführt, damit wir gelegentlich dem ‚Nutzen' den Vorzug geben sollten, sondern damit wir solche ‚Konfliktfälle' irrtumsfrei entscheiden könnten.

Beweisführung für die Richtigkeit einer ethischen Norm

(35) Cum igitur aliqua species utilitatis obiecta est, commoveri necesse est; sed si, cum animum attenderis, turpitudinem videas adiunctam ei rei, quae speciem utilitatis attulerit, tum non utilitas relinquenda est, sed intellegendum, ubi turpitudo sit, ibi utilitatem esse non posse. quod si nihil est tam contra naturam quam turpitudo – recta enim et convenientia et constantia natura desiderat aspernaturque contraria – nihilque tam secundum naturam quam utilitas, certe in eadem re utilitas et turpitudo esse non potest.

Itemque, si ad honestatem nati sumus eaque aut sola expetenda est, ut Zenoni visum est, aut certe omni pondere gravior habenda quam reliqua omnia, quod Aristoteli placet, necesse est, quod honestum sit, id esse aut solum aut summum bonum; quod autem bonum, id certe utile; ita, quidquid honestum, id utile.

36–37 Die Trennung des scheinbar Nützlichen vom Ehrenhaften führt zu verbrecherischen Taten und überspannten Wünschen, zuletzt zum besonders abscheulichen Streben nach Königsherrschaft in Staaten freier Bürger. Menschen ohne Rechtsempfinden sehen nur ihre materiellen Gewinne; die Strafe (nicht die der Gesetze, die sie häufig übertreten, sondern die empfindlichste: die Schlechtigkeit selbst) sehen sie nicht. Eine gottlose Brut sind Menschen, die überlegen, ob sie dem als ehrenhaft Erkannten folgen oder wissentlich ein Verbrechen begehen sollen: schon im Zweifel liegt eine Schandtat.

Unrecht im Verborgenen: Gyges und sein Ring

Atque etiam ex omni deliberatione celandi et occultandi spes opinioque removenda est. satis enim nobis, si modo in philosophia aliquid profecimus, persuasum esse debet, si omnes deos hominesque celare possimus, nihil tamen avare, nihil iniuste, nihil libidinose, nihil incontinenter esse faciendum. (38) hinc ille Gyges inducitur a Platone, qui, cum terra discessisset magnis quibusdam imbribus, descendit in illum hiatum aëneumque equum, ut ferunt fabulae, animadvertit, cuius in lateribus fores essent; quibus apertis corpus hominis mortui vidit magnitudine invisitata anulumque aureum in digito; quem ut detraxit, ipse induit – erat autem regius pastor –, tum in concilium se pastorum recepit. ibi cum palam eius anuli ad palmam converterat, a nullo videbatur, ipse autem omnia videbat; idem rursus videbatur, cum in locum anulum inverterat. itaque hac opportunitate anuli usus reginae stuprum intulit eaque adiutrice regem dominum interemit, sustulit, quos obstare arbitrabatur, nec in his eum facinoribus quisquam potuit videre. sic repente anuli beneficio rex exortus est Lydiae. hunc igitur ipsum anulum si habeat sapiens, nihil plus sibi licere putet peccare, quam si non haberet; honesta enim bonis viris, non occulta quaeruntur.

(39) Atque hoc loco philosophi quidam, minime mali illi quidem, sed non satis acuti, fictam et commenticiam fabulam prolatam dicunt a Platone, quasi vero ille aut factum id esse aut fieri posse defendat. haec est vis huius anuli et huius exempli: si nemo sciturus, nemo ne suspicaturus quidem sit, cum aliquid divitiarum, potentiae, dominationis, libidinis causa feceris, si id diis hominibusque futurum sit semper ignotum, sisne facturus? negant id fieri posse. (quamquam potest id quidem,) sed quaero, quod negant posse, id si posset, quidnam facerent. urgent rustice sane; negant enim posse et in eo perstant; hoc verbum quid valeat, non vident. cum enim quaerimus, si celare possint, quid facturi sint, non quaerimus, possintne celare, sed tamquam tormenta quaedam adhibemus, ut, si responderint se impunitate proposita facturos, quod expediat, facinorosos se esse fateantur, si negent, omnia turpia per se ipsa fugienda esse concedant. sed iam ad propositum revertamur.

Ausführung

1. Nützlichkeitsdenken im Konflikt mit den Pflichten der Klugheit und der Gerechtigkeit

Persönliche Ansprüche und ethische Norm

(40) Incidunt multae saepe causae, quae conturbent animos utilitatis specie, non cum hoc deliberetur, relinquendane sit honestas propter utilitatis magnitudinem – nam id quidem improbum est –, sed illud, possitne id, quod utile videatur, fieri non turpiter. cum Collatino collegae Brutus imperium abrogabat, poterat videri facere

id iniuste; fuerat enim in regibus expellendis socius Bruti consiliorum et adiutor. cum autem consilium hoc principes cepissent, cognationem Superbi nomenque Tarquiniorum et memoriam regni esse tollendam, quod erat utile, patriae consulere, id erat ita honestum, ut etiam ipsi Collatino placere deberet. itaque utilitas valuit propter honestatem, sine qua ne utilitas quidem esse potuisset.

(41) At in eo rege, qui urbem condidit, non item. species enim utilitatis animum pepulit eius; cui cum visum esset utilius solum quam cum altero regnare, fratrem interemit. omisit hic et pietatem et humanitatem, ut id, quod utile videbatur neque erat, assequi posset, et tamen muri causam opposuit, speciem honestatis nec probabilem nec sane idoneam. peccavit igitur, pace vel Quirini vel Romuli dixerim.

(42) Nec tamen nostrae nobis utilitates omittendae sunt aliisque tradendae, cum his ipsi egeamus, sed suae cuique utilitati, quod sine alterius iniuria fiat, serviendum est. scite Chrysippus, ut multa, ‚Qui stadium‘, inquit, ‚currit, eniti et contendere debet, quam maxime possit, ut vincat; supplantare eum, quicum certet, aut manu depellere nullo modo debet. sic in vita sibi quemque petere, quod pertineat ad usum, non iniquum est; alteri deripere ius non est‘.

Freunde oder Verschwörer?

(43) Maxime autem perturbantur officia in amicitiis, quibus et non tribuere, quod recte possis, et tribuere, quod non sit aequum, contra officium est. sed huius generis totius breve et non difficile praeceptum est. quae enim videntur utilia, honores, divitiae, voluptates, cetera generis eiusdem, haec amicitiae numquam anteponenda sunt. at neque contra rem publicam neque contra ius iurandum ac fidem amici causa vir bonus faciet, ne si

iudex quidem erit de ipso amico; ponit enim personam amici, cum induit iudicis. tantum dabit amicitiae, ut veram amici causam esse malit, ut orandae litis tempus, quoad per leges liceat, accommodet. (44) cum vero iurato sententia dicenda sit, meminerit deum se adhibere testem, id est, ut ego arbitror, mentem suam, qua nihil homini dedit deus ipse divinius. itaque praeclarum a maioribus accepimus morem rogandi iudicis, si eum teneremus, QUAE SALVA FIDE FACERE POSSIT. haec rogatio ad ea pertinet, quae paulo ante dixi honeste amico a iudice posse concedi; nam si omnia facienda sint, quae amici velint, non amicitiae tales, sed coniurationes putandae sint. (45) loquor autem de communibus amicitiis; nam in sapientibus viris perfectisque nihil potest esse tale. Damonem et Phintiam Pythagoreos ferunt hoc animo inter se fuisse, ut, cum eorum alteri Dionysius tyrannus diem necis destinavisset et is, qui morti addictus esset, paucos sibi dies commendandorum suorum causa postulavisset, vas factus est alter eius sistendi, ut, si ille non revertisset, moriendum esset ipsi. qui cum ad diem se recepisset, admiratus eorum fidem tyrannus petivit, ut se ad amicitiam tertium adscriberent. (46) cum igitur id, quod utile videtur in amicitia, cum eo, quod honestum est, comparatur, iaceat utilitatis species, valeat honestas; cum autem in amicitia, quae honesta non sunt, postulabuntur, religio et fides anteponatur amicitiae. sic habebitur is, quem exquirimus, dilectus officii.

Moral und Staatsräson

Sed utilitatis specie in re publica saepissime peccatur, ut in Corinthi disturbatione nostri; durius etiam Athenienses, qui sciverunt, ut Aeginetis, qui classe valebant, pollices praeciderentur. hoc visum est utile; nimis enim imminebat propter propinquitatem Aegina Piraeo. sed nihil, quod crudele, utile; est enim hominum naturae, quam sequi debemus, maxime inimica crudelitas. (47) male etiam, qui peregrinos urbibus uti prohibent eosque exterminant, ut Pennus apud patres nostros, Papius nuper. nam esse pro cive, qui civis non sit, rectum est non licere; quam legem tulerunt sapientissimi consules Crassus et Scaevola. usu vero urbis prohibere peregrinos sane inhumanum est.

Illa praeclara, in quibus publicae utilitatis species prae honestate contemnitur. plena exemplorum est nostra res publica cum saepe tum maxime bello Punico secundo, quae Cannensi calamitate accepta maiores animos habuit quam umquam rebus secundis: nulla timoris significatio, nulla mentio pacis. tanta vis est honesti, ut speciem utilitatis obscuret. (48) Athenienses cum Persarum impetum nullo modo possent sustinere statuerentque, ut urbe relicta coniugibus et liberis Troezene depositis naves conscenderent libertatemque Graeciae classe defenderent, Cyrsilum quendam suadentem, ut in urbe manerent Xerxemque reciperent, lapidibus obruerunt. atque ille utilitatem sequi videbatur, sed ea nulla erat repugnante honestate. (49) Themistocles post victoriam eius belli, quod cum Persis fuit, dixit in contione se habere consilium rei publicae salutare, sed id sciri non opus esse; postulavit, ut aliquem populus daret, quicum communicaret; datus est Aristides. huic ille classem Lacedaemoniorum, quae subducta esset ad Gytheum, clam incendi posse, quo facto frangi Lacedaemoniorum opes necesse esset. quod Aristides cum audisset, in contionem magna exspectatione venit dixitque perutile esse consilium, quod Themistocles afferret, sed minime honestum. itaque Athenienses, quod honestum non esset, id ne utile quidem putaverunt totamque eam rem, quam ne audierant quidem, auctore Aristide repudiaverunt. melius hi quam nos, qui piratas immunes, socios vectigales habemus.

Maneat ergo, quod turpe sit, id numquam esse utile, ne tum quidem, cum id, quod utile esse putes, adipiscare; hoc enim ipsum, utile putare, quod turpe sit, calamitosum est.

Die Informationspflicht des Anbieters – ein Streitgespräch

a) Ägyptisches Getreide für Rhodos

(50) Sed incidunt, ut supra dixi, saepe causae, cum repugnare utilitas honestati videatur, ut animadvertendum sit, repugnetne plane an possit cum honestate coniungi. eius generis hae sunt quaestiones: si exempli gratia vir bonus Alexandrea Rhodum magnum frumenti numerum advexerit in Rhodiorum inopia et fame summaque annonae caritate, si idem sciat complures mercatores Alexandrea solvisse navesque in cursu frumento onustas petentes Rhodum viderit, dicturusne sit id Rhodiis an silentio suum quam plurimo venditurus? sapientem et bonum virum fingimus; de eius deliberatione et consultatione quaerimus, qui celaturus Rhodios non sit, si id turpe iudicet, sed dubitet, an turpe non sit. (51) in huiusmodi causis aliud Diogeni Babylonio videri solet, magno et gravi Stoico, aliud Antipatro, discipulo eius, homini acutissimo. Antipatro omnia patefacienda, ut ne quid omnino, quod venditor norit, emptor ignoret, Diogeni venditorem, quatenus iure civili constitutum sit, dicere vitia oportere, cetera sine insidiis agere et, quoniam vendat, velle quam optime vendere. ,Advexi, exposui, vendo meum non pluris quam ceteri, fortasse etiam minoris, cum maior est copia; cui fit iniuria?' (52) exoritur Antipatri ratio ex altera parte: 'Quid ais? tu cum hominibus consulere debeas et servire humanae societati eaque lege natus sis et ea habeas principia naturae, quibus parere et quae sequi

debeas, ut utilitas tua communis sit utilitas vicissimque communis utilitas tua sit, celabis homines, quid iis adsit commoditatis et copiae?' respondebit Diogenes fortasse sic: ‚Aliud est celare, aliud tacere; neque ego nunc te celo, si tibi non dico, quae natura deorum sit, qui sit finis bonorum, quae tibi plus prodessent cognita quam tritici vilitas. sed non, quidquid tibi audire utile est, idem mihi dicere necesse est.' (53) ‚Immo vero necesse est, si quidem meministi esse inter homines natura coniunctam societatem.' ‚Memini', inquiet ille, ‚sed num ista societas talis est, ut nihil suum cuiusque sit? quod si ita est, ne vendendum quidem quicquam est, sed donandum.'

Vides in hac tota disceptatione non illud dici ‚Quamvis hoc turpe sit, tamen, quoniam expedit, faciam', sed ita expedire, ut turpe non sit, ex altera autem parte, ea re, quia turpe sit, non esse faciendum.

b) Ein Haus mit gewissen Mängeln

(54) Vendat aedes vir bonus propter aliqua vitia, quae ipse norit, ceteri ignorent, pestilentes sint et habeantur salubres, ignoretur in omnibus cubiculis apparere serpentes, male materiatae, ruinosae, sed hoc praeter dominum nemo sciat. quaero, si haec emptoribus venditor non dixerit aedesque vendiderit pluris multo, quam se venditurum putarit, num id iniuste aut improbe fecerit. ‚Ille vero', inquit Antipater. ‚Quid est enim aliud erranti viam non monstrare, quod Athenis exsecrationibus publicis sanctum est, si hoc non est, emptorem pati ruere et per errorem in maximam fraudem incurrere? plus etiam est quam viam non monstrare; nam est scientem in errorem alterum inducere.' (55) Diogenes contra ‚Num te emere coegit, qui ne hortatus quidem est? ille, quod non placebat, proscripsit, tu, quod placebat, emisti. quod si, qui proscribunt villam bonam beneque aedificatam, non ex-

istimantur fefellisse, etiam si illa nec bona est nec aedificata ratione, multo minus, qui domum non laudarunt. ubi enim iudicium emptoris est, ibi fraus venditoris quae potest esse? sin autem dictum non omne praestandum est, quod dictum non est, id praestandum putas? quid vero est stultius quam venditorem eius rei, quam vendat, vitia narrare? quid autem tam absurdum, quam si domini iussu ita praeco praedicet: „Domum pestilentem vendo"?' (56) sic ergo in quibusdam causis dubiis ex altera parte defenditur honestas, ex altera ita de utilitate dicitur, ut id, quod utile videatur, non modo facere honestum sit, sed etiam non facere turpe. haec est illa, quae videtur utilium fieri cum honestis saepe dissensio.

c) Abschließendes Urteil

Quae diiudicanda sunt; non enim, ut quaereremus, exposuimus, sed ut explicaremus. (57) non igitur videtur nec frumentarius ille Rhodios nec hic aedium venditor celare emptores debuisse. neque enim id est celare, quidquid reticeas, sed cum, quod tu scias, id ignorare emolumenti tui causa velis eos, quorum intersit id scire. hoc autem celandi genus quale sit et cuius hominis, quis non videt? certe non aperti, non simplicis, non ingenui, non iusti, non viri boni, versuti potius, obscuri, astuti, fallacis, malitiosi, callidi, veteratoris, vafri. haec tot et alia plura nonne inutile est vitiorum subire nomina?

Arglist durch Vorspiegelung

(58) Quod si vituperandi, qui reticuerunt, quid de iis existimandum est, qui orationis vanitatem adhibuerunt? C. Canius, eques Romanus, nec infacetus et satis litteratus, cum se Syracusas otiandi, ut ipse dicere solebat, non negotiandi causa contulisset, dictitabat se hortulos aliquos

emere velle, quo invitare amicos et ubi se oblectare sine interpellatoribus posset. quod cum percrebruisset, Pythius ei quidam, qui argentariam faceret Syracusis, venales quidem se hortos non habere, sed licere uti Canio, si vellet, ut suis, et simul ad cenam hominem in hortos invitavit in posterum diem. cum ille promisisset, tum Pythius, qui esset ut argentarius apud omnes ordines gratiosus, piscatores ad se convocavit et ab iis petivit, ut ante suos hortulos postridie piscarentur, dixitque, quid eos facere vellet. ad cenam tempori venit Canius; opipare a Pythio apparatum convivium, cumbarum ante oculos multitudo; pro se quisque, quod ceperat, afferebat, ante pedes Pythii pisces abiciebantur. (59) Tum Canius ‚Quaeso‘, inquit, ‚quid est hoc, Pythi? tantumne piscium? tantumne cumbarum?‘ et ille ‚Quid mirum?‘ inquit, ‚hoc loco est, Syracusis quidquid est piscium, hic aquatio, hac villa isti carere non possunt.‘ incensus Canius cupiditate contendit a Pythio, ut venderet; gravate ille primo; quid multa? impetrat. emit homo cupidus et locuples tanti, quanti Pythius voluit, et emit instructos; nomina facit, negotium conficit. invitat Canius postridie familiares suos, venit ipse mature, scalmum nullum videt. quaerit ex proximo vicino, num feriae quaedam piscatorum essent, quod eos nullos videret. ‚Nullae, quod sciam‘, ille inquit; ‚sed hic piscari nulli solent; itaque heri mirabar, quid accidisset‘. (60) stomachari Canius, sed quid faceret? nondum enim C. Aquilius, collega et familiaris meus, protulerat de dolo malo formulas; in quibus ipsis, cum ex eo quaereretur, quid esset dolus malus, respondebat: cum esset aliud simulatum, aliud actum. hoc quidem sane luculente ut ab homine perito definiendi. ergo et Pythius et omnes aliud agentes, aliud simulantes perfidi, improbi, malitiosi. nullum igitur eorum factum potest utile esse, cum sit tot vitiis inquinatum.

Ethik in der Rechtspraxis, in der Philosophie und im Alltag

(61) Quod si Aquiliana definitio vera est, ex omni vita simulatio dissimulatioque tollenda est. ita, nec ut emat melius nec ut vendat, quicquam simulabit aut dissimulabit vir bonus. atque iste dolus malus et legibus erat vindicatus, ut tutela duodecim tabulis, circumscriptio adulescentium lege Plaetoria, et sine lege iudiciis, in quibus additur EX FIDE BONA. reliquorum autem iudiciorum haec verba maxime excellunt: in arbitrio rei uxoriae MELIUS AEQUIUS, in fiducia UT INTER BONOS BENE AGIER. quid ergo? aut in eo, QUOD MELIUS AEQUIUS, potest ulla pars inesse fraudis? aut cum dicitur INTER BONOS BENE AGIER, quicquam agi dolose aut malitiose potest? dolus autem malus in simulatione, ut ait Aquilius, continetur. tollendum est igitur ex rebus contrahendis omne mendacium; non illicitatorem venditor, non, qui contra se liceatur, emptor apponet; uterque, si ad eloquendum venerit, non plus quam semel eloquetur.

(62) Quintus quidem Scaevola, Publi filius, cum postulasset, ut sibi fundus, cuius emptor erat, semel indicaretur idque venditor ita fecisset, dixit se pluris aestimare; addidit centum milia. nemo est, qui hoc viri boni fuisse neget; sapientis negant, ut si minoris, quam potuisset, vendidisset. haec igitur est illa pernicies, quod alios bonos, alios sapientes existimant. ex quo Ennius ‚nequiquam sapere sapientem, qui ipse sibi prodesse non quiret'. vere id quidem, si, quid esset ‚prodesse' mihi cum Ennio conveniret.

(63) Hecatonem quidem Rhodium, discipulum Panaetii, video in iis libris, quos de officio scripsit Q. Tuberoni, dicere sapientis esse nihil contra mores, leges, instituta facientem habere rationem rei familiaris. ‚neque enim solum nobis divites esse volumus, sed liberis, propinquis, amicis maximeque rei publicae. singulorum enim facultates et copiae divitiae sunt civitatis.' huic Scaevolae factum,

de quo paulo ante dixi, placere nullo modo potest; etenim omnino tantum se negat facturum compendii sui causa, quod non liceat. huic nec laus magna tribuenda nec gratia est. (64) sed, sive et simulatio et dissimulatio dolus malus est, perpaucae res sunt, in quibus non dolus malus iste versetur, sive vir bonus est is, qui prodest, quibus potest, nocet nemini, certe istum virum bonum non facile reperimus.

Numquam igitur est utile peccare, quia semper est turpe, et, quia semper est honestum virum bonum esse, semper est utile.

65–68 Das Grundstücksrecht (ius praedii) ist gegenüber dem Zwölftafelgesetz von den Rechtsgelehrten (iuris consulti) dahingehend verschärft worden, daß nicht nur falsche Angaben strafbar sind, sondern auch das Verschweigen von Mängeln. Als ein Mietshaus (insula) auf dem Caelius mons die Beobachtung des Vogelfluges von der kapitolinischen Burg aus behinderte, verlangten die Auguren, es oberhalb einer bestimmten Höhe abzureißen. Daraufhin verkaufte es der Eigentümer, ohne den Käufer zu informieren. Als dieser die Forderung der Auguren erfüllt hatte, brachte er den Fall vor ein Schiedsgericht, das den Verkäufer zu Schadensersatz verurteilte, weil er gegen den Grundsatz der bona fides (Treue und Redlichkeit) verstoßen habe. Soweit solche Fälle von unterlassener Information (reticentia) überhaupt vom ius civile erfaßt werden können, werden sie gründlich behandelt. Ein Haus wurde an seinen früheren Besitzer verkauft, wobei der Vertrag (mancipatio) keinen Hinweis auf eine servitus enthielt, der es unterlag. (Eine solche Zwangspflicht räumte z. B. einem Nachbarn das Recht auf eine begrenzte Mitbenutzung ein.) Vor Gericht vertrat der Anwalt des Käufers den formalen Rechtsstandpunkt (ius urgebat), während der des Verkäufers an den Grundsatz der Billigkeit (aequitas) erinnerte: der Käufer habe als früherer Eigentümer das wertmindernde vitium kennen müssen, sei also nicht getäuscht worden.

Das positive Recht – ein schwaches Abbild des Naturrechts

Sed aliter leges, aliter philosophi tollunt astutias: leges, quatenus manu tenere possunt, philosophi, quatenus ratione et intellegentia. ratio ergo hoc postulat, ne quid insidiose, ne quid simulate, ne quid fallaciter. suntne igitur insidiae tendere plagas, etiam si excitaturus non sis nec agitaturus? ipsae enim ferae nullo insequente saepe incidunt. sic tu aedes proscribas, tabulam tamquam plagam ponas – domum propter vitia vendas –, in eam aliquis incurrat imprudens? (69) hoc quamquam video propter depravationem consuetudinis neque more turpe haberi neque aut lege sanciri aut iure civili, tamen naturae lege sanctum est. societas est enim – quod etsi saepe dictum est, dicendum est tamen saepius –, latissime quidem quae pateat, omnium inter omnes, interior eorum, qui eiusdem gentis sint, propior eorum, qui eiusdem civitatis. itaque maiores aliud ius gentium, aliud ius civile esse voluerunt; quod civile, non idem continuo gentium, quod autem gentium, idem civile esse debet. sed nos veri iuris germanaeque iustitiae solidam et expressam effigiem nullam tenemus, umbra et imaginibus utimur. eas ipsas utinam sequeremur! feruntur enim ex optimis naturae et veritatis exemplis. (70) nam quanti verba illa UTI NE PROPTER TE FIDEMVE TUAM CAPTUS FRAUDATUSVE SIM! quam illa aurea UT INTER BONOS BENE AGIER OPORTET ET SINE FRAUDATIONE. sed, qui sint ,boni' et quid sit ,bene agi', magna quaestio est. Q. quidem Scaevola pontifex maximus summam vim esse dicebat in omnibus iis arbitriis, in quibus adderetur EX FIDE BONA, fideique bonae nomen existimabat manare latissime, idque versari in tutelis, societatibus, fiduciis, mandatis, rebus emptis, venditis, conductis, locatis, quibus vitae societas contineretur; in his magni esse iudicis statuere, praesertim cum in plerisque essent iudicia contraria, quid quemque cuique praestare oporteret.

Klugheit oder Raffinesse?

(71) Quocirca astutiae tollendae sunt eaque malitia, quae vult illa quidem videri se esse prudentiam, sed abest ab ea distatque plurimum. prudentia est enim locata in dilectu bonorum et malorum, malitia, si omnia, quae turpia sunt, mala sunt, mala bonis ponit ante. nec vero in praediis solum ius civile ductum a natura malitiam fraudemque vindicat, sed etiam in mancipiorum venditione venditoris fraus omnis excluditur. qui enim scire debuit de sanitate, de fuga, de furtis, praestat edicto aedilium. heredum alia causa est. (72) ex quo intellegitur, quoniam iuris natura fons sit, hoc secundum naturam esse, neminem id agere, ut ex alterius praedetur inscitia. nec ulla pernicies vitae maior inveniri potest quam in malitia simulatio intellegentiae, ex quo ista innumerabilia nascuntur, ut utilia cum honestis pugnare videantur. quotus enim quisque reperietur, qui impunitate et ignoratione omnium proposita abstinere possit iniuria.

73–82 Es folgen weitere exempla: Handlungen, in denen die breite Masse (vulgus) keine Verfehlungen sieht und die von Leuten begangen werden, qui boni habentur. In dem gefälschten Testament des reichen L. Minucius Basilus waren Q. Hortensius und M. Crassus, zwei besonders einflußreiche Männer also, als Miterben eingesetzt, damit es leichter anerkannt würde. Weil sie zwar Verdacht schöpften, sich selbst aber keiner Schuld bewußt waren, wiesen sie das kleine Geschenk (munusculum) nicht zurück. So erhielt der um sein Erbe betrogene Neffe des Basilus nur dessen Namen, während die principes cives Vermögen (rem) erbten. Sie wurden schuldig, indem sie Unrecht unterstützten, statt es abzuwehren. Selbst rechtmäßige Erbschaften sind unehrenhaft, wenn sie durch raffinierte Schmeichelei, durch das Vortäuschen von Leistungen (simulatione officiorum) erworben werden. Hätte ein M. Crassus die Fähigkeit, durch bloßes Fingerschnippen seinen Namen in die Testamente reicher Leute hineinzuschmuggeln (irrepere), würde er dafür sogar auf dem Forum tanzen; ein vir iustus dagegen würde niemandem etwas wegnehmen wollen. Bei einem Wettprozeß (sponsio, stipulatio) erklärte sich der Konsular Fimbria außerstande, einem eques sane honestus durch richterlichen Entscheid die Eigenschaft eines vir bonus zu bescheinigen, cum ea res innumerabilibus officiis et laudibus contineretur. Für einen solchen Mann sind turpe und utile unvereinbar. Und was Intellektuelle (philosophi) in Zweifel ziehen, das steht für Landleute fest: nur der ist ein Ehrenmann, heißt es bei ihnen, mit dem man auch im Dunkeln das Fingerspiel (bei dem derjenige gewinnt, der die Summe der von ihm und dem Gegner gleichzeitig ausgestreckten Finger errät) spielen kann, ohne betrogen zu werden.

Ein Anlaß zur Verfehlung (causa peccandi) ist die Höhe der praemia. Um endlich Konsul zu werden, erhob C. Marius vor dem Volk falsche Beschuldigungen gegen Q. Caccilius Metellus, unter dem er als Legat diente und der ihn nach Rom geschickt hatte. Er wurde gewählt, verriet aber fides und iustitia.

Besonders unsicher kann es uns bei der Abwägung (deliberatio) machen, wenn der Vorteil groß, die Verletzung der aequitas gering erscheint. Als die Prätoren gemeinsam mit den Volkstribunen ein Edikt über die Neufestsetzung des Münzwertes beschlossen hatten, informierte einer der Prätoren die Öffentlichkeit hierüber vor dem vereinbarten Zeitpunkt. So gelang es ihm, alle Ehre auf sich zu ziehen, aber er verletzte das officium viri boni.

In Wahrheit kann uns kein sogenannter Nutzen für den Verlust des glanzvollen Namens eines vir bonus entschädigen. Wer fides und iustitia, die sozialen Tugenden, preisgibt, verwandelt sich in ein wildes Tier, in ein Ungeheuer in Menschengestalt.

Caesars Griff nach der Königsherrschaft

(82) Quid? qui omnia recta et honesta neglegunt, dummodo potentiam consequantur, nonne idem faciunt, quod is, qui etiam socerum habere voluit eum, cuius ipse audacia potens esset? utile ei videbatur plurimum posse alterius invidia; id quam iniustum in patriam et quam turpe esset, non videbat. ipse autem socer in ore semper Graecos versus de Phoenissis habebat, quos dicam, ut potero, incondite fortasse, sed tamen, ut res possit intellegi:

,Nam sí violandum est iús, regnandi grátia
Violándum est; aliis rébus pietatém colas.'

capitalis Eteocles vel potius Euripides, qui id unum, quod omnium sceleratissimum fuerit, exceperit! (83) quid igitur minuta colligimus, hereditates, mercaturas, venditiones fraudulentas? ecce tibi, qui rex populi Romani dominusque omnium gentium esse concupiverit idque perfecerit! hanc cupiditatem si honestam quis esse dicit, amens est; probat enim legum et libertatis interitum earumque oppressionem taetram et detestabilem gloriosam putat. qui autem fatetur honestum non esse in ea civitate, quae libera fuerit quaeque esse debeat, regnare, sed ei, qui id facere possit, esse utile, qua hunc obiurgatione aut quo potius convicio a tanto errore coner avellere? potest enim, di immortales, cuiquam esse utile foedissimum et taeterrimum parricidium patriae, quamvis is, qui se eo obstrinxerit, ab oppressis civibus parens nominetur? honestate igitur dirigenda utilitas est, et quidem sic, ut haec duo verbo inter se discrepare, re unum sonare videantur. (84) non habeo, ad vulgi opinionem quae maior utilitas quam regnandi esse possit; nihil contra inutilius ei, qui id iniuste consecutus sit, invenio, cum ad veritatem coepi revocare rationem. possunt enim cuiquam esse utiles angores, sollicitudines, diurni et nocturni metus, vita insidiarum periculorumque plenissima?

‚Múlti iniqui atque ínfideles régno, pauci bénevoli‘, inquit Accius. at cui regno? quod a Tantalo et Pelope proditum iure obtinebatur. nam quanto plures ei regi putas, qui exercitu populi Romani populum ipsum Romanum oppressisset civitatemque non modo liberam, sed etiam gentibus imperantem servire sibi coegisset? (85) hunc tu quas conscientiae labes in animo censes habuisse, quae vulnera? cuius autem vita ipsi potest utilis esse, cum eius vitae ea condicio sit, ut, qui illam eripuerit, in maxima et gratia futurus sit et gloria? quod si haec utilia non sunt, quae maxime videntur, quia plena sunt dedecoris ac turpitudinis, satis persuasum esse debet nihil esse utile, quod non honestum sit.

Ein römischer Aristides

(86) Quamquam id quidem cum saepe alias tum Pyrrhi bello a C. Fabricio consule iterum et a senatu nostro iudicatum est. cum enim rex Pyrrhus populo Romano bellum ultro intulisset cumque de imperio certamen esset cum rege generoso ac potente, perfuga ab eo venit in castra Fabricii eique est pollicitus, si praemium sibi proposuisset, se, ut clam venisset, sic clam in Pyrrhi castra rediturum et eum veneno necaturum. hunc Fabricius reducendum curavit ad Pyrrhum idque eius factum lauda-

tum a senatu est. atqui, si speciem utilitatis opinionemque quaerimus, magnum illud bellum perfuga unus et gravem adversarium imperii sustulisset, sed magnum dedecus et flagitium, quicum laudis certamen fuisset, eum non virtute, sed scelere superatum. (87) utrum igitur utilius vel Fabricio, qui talis in hac urbe, qualis Aristides Athenis fuit, vel senatui nostro, qui numquam utilitatem a dignitate seiunxit, armis cum hoste certare an venenis? si gloriae causa imperium expetendum est, scelus absit, in quo non potest esse gloria; sin ipsae opes expetuntur quoquo modo, non poterunt utiles esse cum infamia.

Durch Geldgier schadet der Staat sich selbst

Non igitur utilis illa L. Philippi Q. f. sententia, quas civitates L. Sulla pecunia accepta ex senatus consulto liberavisset, ut eae rursus vectigales essent neque iis pecuniam, quam pro libertate dederant, redderemus. ei senatus est assensus. turpe imperio! piratarum enim melior fides quam senatus. – ‚At aucta vectigalia, utile igitur.‘ – Quousque audebunt dicere quicquam utile, quod non honestum? (88) potest autem ulli imperio, quod gloria debet fultum esse et benevolentia sociorum, utile esse odium et infamia? ego etiam cum Catone meo saepe dissensi; nimis mihi praefracte videbatur aerarium vectigaliaque defendere, omnia publicanis negare, multa sociis, cum in hos benefici esse deberemus, cum illis sic agere, ut cum colonis nostris soleremus, eoque magis, quod illa ordinum coniunctio ad salutem rei publicae pertinebat. male etiam Curio, cum causam Transpadanorum aequam esse dicebat, semper autem addebat: ‚Vincat utilitas!‘ potius doceret non esse aequam, quia non esset utilis rei publicae, quam, cum utilem non esse diceret, esse aequam fateretur.

89–96 Es folgen quaestiones aus dem 6. Buch der Pflichtenlehre des Panaitiosschülers Hekaton. Anhand solcher scharfsinnig konstruierten Fälle diskutieren die Stoiker ethische Normen (Kasuistik). Darf ein vir bonus bei hohen Lebensmittelpreisen sein Gesinde (familia) hungern lassen? Soll er in Seenot eher ein teures Pferd als einen billigen Sklaven über Bord werfen? Beide Male muß die ‚utilitas' der humanitas weichen. – Wird bei einem Schiffbruch der Weise einen Dummkopf von der rettenden Planke (tabula) verdrängen? Nein; es wäre unrecht. – Soll der Sohn den Vater anzeigen, der Heiligtümer und den Staatsschatz beraubt? Er soll ihn sogar verteidigen; denn dem Vaterland nützt die pietas seiner Bürger. Wenn der Vater aber die Errichtung einer Tyrannenherrschaft oder Landesverrat plant? Dann wird der Sohn, falls er den Vater nicht umstimmen kann, die Rettung des Vaterlandes über das Wohl des Vaters stellen. – Soll ein vir bonus, der für einen Denar Messing kaufen will und stattdessen Gold im Werte von tausend Denaren erhält, den Verkäufer auf seinen Irrtum aufmerksam machen?

Abmachungen (pacta) und Versprechen (promissa) sind zu halten, sofern sie ohne Gewalt (vis) und Arglist (dolus malus) zustande gekommen sind. Die Erfüllung eines Versprechens darf aber weder mit unmenschlicher Härte (Zwang zum Verzicht auf erneute Anwendung eines einmal erfolgreichen Heilmittels) verbunden sein noch mit einem Verlust an Würde (gravitas): ein Weiser, der sich, um als Erbe eingesetzt zu werden, verpflichtet hat, auf dem Forum zu tanzen, wird, wenn er dies dann doch für schändlich hält, auf ehrenvollere Weise sein Wort brechen (honestius mentietur), indem er auf das Erbe verzichtet – es sei denn, er könnte damit der res publica in einer schweren Krise helfen. – Versprechen sollen nicht gehalten werden, wenn ihre Erfüllung dem anderen schadet (Phaëthon!). Das gleiche gilt für die Herausgabe anvertrauten Gutes. Einem Geistesgestörten eine Waffe wiederzugeben, die er bei klarem Verstande in Verwahrung gegeben hat, wäre pflichtwidrig. Sollst du jemandem das bei dir hinterlegte Geld zurückzahlen, wenn er gegen das Vaterland Krieg führen will? Nein; denn sonst handelst du gegen das Gemeinwesen, quae debet esse carissima. sic multa, quae honesta natura videntur esse, temporibus (durch besondere Umstände) fiunt non honesta (unsittlich).

2. Nützlichkeitsdenken im Konflikt mit den Pflichten der Tapferkeit

Odysseus – Held wider Willen?

(97) Utile videbatur Ulixi, ut quidem poetae tragici prodiderunt, nam apud Homerum, optimum auctorem, talis de Ulixe nulla suspicio est, sed insimulant eum tragoediae simulatione insaniae militiam subterfugere voluisse. non honestum consilium, at utile, ut aliquis fortasse dixerit, regnare et Ithacae vivere otiose cum parentibus, cum uxore, cum filio. ullum tu decus in cotidianis laboribus et periculis cum hac tranquillitate conferendum putas? ego vero istam contemnendam et abiciendam, quoniam, quae honesta non sit, ne utilem quidem esse arbitror. (98) quid enim auditurum putas fuisse Ulixem, si in illa simulatione perseverasset? qui cum maximas res gesserit in bello, tamen haec audiat ab Aiace:

,Cuius ípse princeps iúris iurandí fuit,
Quod ómnes scitis, sólus neglexít fidem;
Furere ássimulare, né coiret, ínstitit.
Quod ní Palamedi pérspicax prudéntia
Istíus percepset málitiosam audáciam,
Fidé sacratae iús perpetuo fálleret.'

(99) illi vero non modo cum hostibus, verum etiam cum fluctibus, id quod fecit, dimicare melius fuit quam deserere consentientem Graeciam ad bellum barbaris inferendum.

Regulus – eine politische Märtyrerlegende

Sed omittamus et fabulas et externa; ad rem factam nostramque veniamus! M. Atilius Regulus, cum consul iterum in Africa ex insidiis captus esset duce Xanthippo Lacedaemonio, imperatore autem patre Hannibalis Hamilcare, iuratus missus est ad senatum, ut, nisi redditi essent Poenis captivi nobiles quidam, rediret ipse Carthaginem. is cum Romam venisset, utilitatis speciem videbat, sed eam, ut res declarat, falsam iudicavit; quae erat talis: manere in patria, esse domui suae cum uxore, cum liberis, quam calamitatem accepisset in bello, communem fortunae bellicae iudicantem tenere consularis dignitatis gradum. quis haec negat esse utilia? quem censes? magnitudo animi et fortitudo negat. (100) num locupletiores quaeris auctores? harum enim est virtutum proprium nihil extimescere, omnia humana despicere, nihil, quod homini accidere possit, intolerandum putare. itaque quid fecit? in senatum venit, mandata exposuit, sententiam ne diceret, recusavit: quamdiu iure iurando hostium teneretur, non esse se senatorem. atque illud etiam (‚O stultum hominem', dixerit quispiam, ‚et repugnantem utilitati suae!'), reddi captivos negavit esse utile; illos enim adulescentes esse et bonos duces, se iam confectum senectute. cuius cum valuisset auctoritas, captivi retenti sunt, ipse Carthaginem rediit, neque eum caritas patriae retinuit nec suorum. neque vero tum ignorabat se ad crudelissimum hostem et ad exquisita supplicia proficisci, sed ius iurandum conservandum putabat. itaque tum, cum vigilando necabatur, erat in meliore causa, quam si domi senex captivus, periurus consularis remansisset. (101) ‚At stulte, qui non modo non censuerit captivos remittendos, verum etiam dissuaserit.' quo modo stulte? etiamne, si rei publicae conducebat? potest autem, quod inutile rei publicae sit, id cuiquam civi utile esse?

Pervertunt homines ea, quae sunt fundamenta naturae, cum utilitatem ab honestate sciungunt. omnes enim expetimus utilitatem ad eamque rapimur nec facere aliter ullo modo possumus. nam quis est, qui utilia fugiat? aut quis potius, qui ea non studiosissime persequatur? sed quia nusquam possumus nisi in laude, decore, honestate utilia reperire, propterea illa prima et summa habemus, utilitatis nomen non tam splendidum quam necessarium ducimus.

Philosophische Aufklärung und die Heiligkeit des Eides

(102) Quid est igitur, dixerit quis, in iure iurando? num iratum timemus Iovem? at hoc quidem commune est omnium philosophorum, non eorum modo, qui deum nihil habere ipsum negotii dicunt, nihil exhibere alteri, sed eorum etiam, qui deum semper agere aliquid et moliri volunt, numquam nec irasci deum nec nocere. quid autem iratus Iuppiter plus nocere potuisset, quam nocuit sibi ipse Regulus? nulla igitur vis fuit religionis, quae tantam utilitatem perverteret.

(104) ,Non fuit Iuppiter metuendus ne iratus noceret, qui neque irasci solet nec nocere.' haec quidem ratio non magis contra Reguli quam contra omne ius iurandum valet. sed in iure iurando non qui metus, sed quae vis sit, debet intellegi. est enim ius iurandum affirmatio religiosa; quod autem affirmate et quasi deo teste promiseris, id tenendum est. iam enim non ad iram deorum, quae nulla est, sed ad iustitiam et ad fidem pertinet. nam praeclare Ennius:

‚Ó Fides alma ápta pinnis ét ius iurandúm Iovis!'
qui ius igitur iurandum violat, is Fidem violat, quam in Capitolio ‚vicinam Iovis Optimi Maximi', ut in Catonis oratione est, maiores nostri esse voluerunt.

(105) ‚At enim ne iratus quidem Iuppiter plus Regulo nocuisset, quam sibi nocuit ipse Regulus.' certe, si nihil malum esset nisi dolere. id autem non modo non summum malum, sed ne malum quidem esse maxima auctoritate philosophi affirmant. quorum quidem testem non mediocrem, sed haud scio an gravissimum Regulum nolite, quaeso, vituperare.

102b–103, 105b–110 Weitere Einwände gegen das Verhalten des Regulus und ihre Widerlegung: *Er hätte die Schande als das ‚kleinere Übel' der Folter vorziehen sollen.* Ist schon körperliche Mißgestalt ärgerlich, dann erst recht eine Verschandelung der Seele; sie ist das größte, für manche sogar das einzige Übel. – *Regulus befand sich im Eidesnotstand.* Dies träfe zu, wenn die Vertragspartner Seeräuber, gemeinsame Feinde aller, gewesen wären; die Karthager aber waren zum Kriegführen berechtigte, erklärte Gegner. An solche legitimen Feinde hat der Senat mehrmals angesehene Männer ausgeliefert. – *Was sehr nützlich ist,* wird *ehrenhaft.* Richtiger: es ist ehrenhaft – und nur deshalb ist es nützlich, nicht umgekehrt.

Die Tat des Regulus und der Zeitgeist

(111) Sed ex tota hac laude Reguli unum illud est admiratione dignum, quod captivos retinendos censuit. nam quod rediit, nobis nunc mirabile videtur, illis quidem temporibus aliter facere non potuit; itaque ista laus non est hominis, sed temporum. nullum enim vinculum ad astringendam fidem iure iurando maiores artius esse voluerunt. indicant leges in duodecim tabulis, indicant sacratae, indicant foedera, quibus etiam cum hoste devincitur fides, indicant notiones animadversionesque censo-

rum, qui nulla de re diligentius quam de iure iurando iudicabant.

Unverdiente Sohnestreue

(112) L. Manlio A. f., cum dictator fuisset, M. Pomponius tr. pl. diem dixit, quod is paucos sibi dies ad dictaturam gerendam addidisset; criminabatur etiam, quod Titum filium, qui postea est Torquatus appellatus, ab hominibus relegasset et ruri habitare iussisset. quod cum audivisset adulescens filius, negotium exhiberi patri, accurrisse Romam et cum primo luci Pomponii domum venisse dicitur. cui cum esset nuntiatum, qui illum iratum allaturum ad se aliquid contra patrem arbitraretur, surrexit e lectulo remotisque arbitris ad se adulescentem iussit venire. at ille, ut ingressus est, confestim gladium destrinxit iuravitque se illum statim interfecturum, nisi ius iurandum sibi dedisset se patrem missum esse facturum. iuravit hoc terrore coactus Pomponius; rem ad populum detulit, docuit, cur sibi causa desistere necesse esset, Manlium missum fecit. tantum temporibus illis ius iurandum valebat. atque hic T. Manlius is est, qui ad Anienem Galli, quem ab eo provocatus occiderat, torque detracto cognomen invenit, cuius tertio consulatu Latini ad Veserim fusi et fugati, magnus vir in primis et, qui perindulgens in patrem, idem acerbe severus in filium.

113–115 Nach seinem Sieg bei Cannae schickte Hannibal zehn vornehme Gefangene nach Hause, um dem Senat die Freilassung von achttausend Mann gegen ein geringes Lösegeld anzubieten. Der Senat lehnte ab, um den Soldaten einzuschärfen, daß sie siegen oder sterben müßten. Diese moralische Stärke (excelsus animus) brach, so schreibt Polybios, Hannibals Mut. Einer der zehn Abgesandten versuchte in Rom zu bleiben, weil er den Eid, im Falle einer Ablehnung zurückzukehren, schon erfüllt habe: er war unter dem Vorwand, etwas vergessen zu haben, kurz nach der Abreise noch einmal in das von den Puniern eroberte Lager zurückgegangen. Der Senat schickte den Betrüger gefesselt zu Hannibal. Nichts, was aus Furchtsamkeit und niedriger Gesinnung geschieht, kann nützlich sein.

3. Nützlichkeitsdenken
im Konflikt mit den Pflichten der Schicklichkeit

116-120 Kann überhaupt etwas nützlich sein, das sich nicht mit Anstand, Zurückhaltung und Mäßigung verträgt? Die Selbstbeherrschung (temperantia) ist die Feindin der Leidenschaften (libidines), der Begleiterinnen der Lust (voluptas). Vor Philosophen, die in der Lust das höchste Gut, die summa utilitas, im Schmerz aber das größte Übel sehen, muß die honestas in Schutz genommen werden. Aristipp, Epikur und ihre Jünger erniedrigen die Tugenden zu Dienerinnen der voluptas; dabei haben sie die größten Schwierigkeiten mit der iustitia und allen virtutes, die in der communitas et societas generis humani sichtbar werden. Wie es keinen Gegensatz zwischen Nutzen und Sittlichkeit gibt, so gibt es keine Verbindung zwischen Ehrenhaftigkeit und Lust: sie entspräche der Vereinigung eines Menschen mit einem Tier. Die Lust mag etwas Würze mit sich bringen, Nutzen hat sie nicht.

Schlußwort

(121) Habes a patre munus, Marce fili, mea quidem sententia magnum, sed perinde erit, ut acceperis. quamquam hi tibi tres libri inter Cratippi commentarios tamquam hospites erunt recipiendi; sed, ut, si ipse venissem Athenas – quod quidem esset factum, nisi me e medio

cursu clara voce patria revocasset –, aliquando me quoque audires, sic, quoniam his voluminibus ad te profecta vox est mea, tribues his temporis, quantum poteris, poteris autem, quantum voles. cum vero intellexero te hoc scientiae genere gaudere, tum et praesens tecum propediem, ut spero, et, dum aberis, absens loquar. vale igitur, mi Cicero, tibique persuade esse te quidem mihi carissimum, sed multo fore cariorem, si talibus monitis praeceptisque laetabere.

Verzeichnis der Eigennamen

Academia (Akademeia), Schule Platons, der im gleichnamigen Bezirk des Halbgottes Akademos (Hekademos) nordwestlich von Athen in einem Gymnasion zu lehren begann (III 20)

Academica oder libri Academici quattuor, Dialog Ciceros, in dem er den erkenntnistheoretischen Skeptizismus der Neuen Akademie verteidigt, aus dem Jahre 45 (II 7)

Academici Anhänger der in der Akademie tradierten und weiterentwickelten Lehre Platons (I 6; III 20)

Accius, L. (170–86), gelehrter römischer Tragödiendichter der archaischen Zeit (III 84)

Aeginetae Bewohner der dem Piräus vorgelagerten Insel Aegina (Aigina) im Saronischen Golf, als Rivalen im Seehandel von den Athenern 459/56 unterworfen und zu Beginn des Peloponnesischen Krieges aus ihrer Heimat vertrieben (III 46)

Aequi kriegerisches Bergvolk im Osten Latiums, 304 von den Römern endgültig besiegt (I 35)

Aesopus berühmter tragischer Schauspieler in Rom, mit Cicero befreundet (I 114)

Africanus s. Scipio

Agesilaus (Agesilaos), spartanischer König (um 400), bedeutender Feldherr, kämpfte für die Hegemonie Spartas und gegen den Aufstieg Thebens, mit Xenophon befreundet (II 16)

Agis spartanischer König (245–241), versuchte zusammen mit dem Ephoren Lysandros, durch Schuldentilgung, Aufteilung des adligen Grundbesitzes und Rückkehr zu einer strengen Lebensordnung nach den Gesetzen Lykurgs den Niedergang Spartas aufzuhalten. Er scheiterte am Widerstand des Königs Leonidas und der reichen Grundbesitzer (II 80)

Agrigentini Bewohner der griechischen Stadt Agrigentum (Akragas) an der Südküste Siziliens (II 26)

Aiax (Aias), Sohn des myth. Königs Telamon von Salamis, nach Achilleus stärkster und tapferster Held der Hellenen vor Troia (I 113f.; III 98)

Albucius, T. Griechenfreund und Epikureer, Proprätor in Sardinien (105), danach wegen Erpressung angeklagt (II 50)

Alexander (Alexandros) Magnus (356–323), Sohn und Nachfolger König Philipps von Makedonien (II 16, 48)

Alexander Pheraeus, Nachfolger und Schwiegersohn seines Bruders Iason, Tyrann (369–357) von Pherai in Thessalien (II 25f.)

Alexandrea (Alexandreia), von Alexander d. Gr. gegründete Hafenstadt westlich des Nildeltas, Hauptstadt des Ptolemäerreiches, Umschlagplatz für ägypt. Getreide (II 82; III 50)

Anio (ital. Aniene), wichtigster Nebenfluß des Tiber (III 112)

Antigonus (Antigonos), Feldherr Alexanders des Großen, fiel im Kampf gegen andere Diadochen i. J. 301 (II 48)

Antiopa (Antiope), theban. Königstochter, Geliebte des Zeus, Mutter der Zwillinge Amphion und Zethos. Von ihrem Onkel Lykos und seiner Gattin Dirke als Sklavin hart behandelt, flieht sie zu ihren herangewachsenen Söhnen. Diese ermorden Lykos und binden Dirke an die Hörner eines Stieres, der sie zu Tode schleift; Heldin einer Tragödie des Pacuvius (I 114)

Antipater (Antipatros), Feldherr unter Philipp II. und Alexander d. Gr., Statthalter, dann König von Makedonien (um 400–319) (II 48)

Antipater aus Tarsos, Schüler des Diogenes aus Seleukeia (D. Babylonius), Leiter der Stoa (um 140), Lehrer des Panaitios (III 51f., 54)

Antonius, M. (143–87), bedeutender Prozeßredner, Lehrer Ciceros (II 49)

Apollo (Apollon), Sohn des Zeus und der Leto, Gott des Lichtes und der Klarheit, der Heil- und Wahrsagekunst; seine berühmteste Orakelstätte war in Delphi (Delphoi) (II 77)

Aquilius Gallus, C., bedeutender Rechtsgelehrter, i. J. 66 Ciceros Kollege im Prätorenamt (III 60), Adj.: **Aquilianus** (III 61)

Aratus (Aratos) aus Sikyon an der Nordküste der Peloponnes (271–213), floh nach der Ermordung seines Vaters aus seiner Heimatstadt, die er später von der Tyrannis befreite und zum Mittelpunkt des Achäischen Bundes machte (II 81f.)

Areopagus nach seiner Tagungsstätte, dem Areshügel (Areios Pagos) in Athen, benannter Rat der ehemaligen Archonten;

die Solonische Verfassung gibt ihm neben der Erb- und Blutgerichtsbarkeit die Oberaufsicht über die Beamten (I 75)

Argi, orum (Argos), Hauptstadt der Landschaft Argolis im NO der Peloponnes (II 81)

Arginusae (Arginusai), drei Inseln zwischen Lesbos und der kleinasiat. Küste, bei denen i. J. 406 die Athener noch einmal einen Seesieg über die Spartaner errangen (I 84)

Aristides (Aristeides) aus Athen (um 540–467), Feldherr und konservativer Staatsmann, politischer Gegner des Themistokles, der ihn durch einen Ostrakismos verbannen ließ, den er aber in den Perserkriegen unterstützte; wegen seiner Uneigennützigkeit ‚der Gerechte' genannt (III 16, 49, 87)

Aristippus (Aristippos) aus Kyrene in Nordafrika (um 435 bis nach 366), Schüler des Sokrates, Begründer der hedonistischen Philosophie (Schule der Kyrenaiker), nach der die Glückseligkeit allein in der Lust (hēdoné) des Augenblicks liegt (I 148; III 116)

Aristo (Ariston) aus Chios (um 250), stoischer Philosoph, Vertreter eines ethischen Rigorismus, leugnete im Unterschied zu seinem Lehrer Zenon jeden relativen Wert oder Unwert der äußeren, im Vergleich zur Tugend und ihrem Gegenteil gleichgültigen Dinge (adiáphora) (I 6)

Aristoteles aus Stageira auf der Chalkidike (384–322), Schüler Platons, systematischer Denker und Forscher. Für ihn und seine Schule gehören neben der Tugend auch äußere Güter (Besitz, Gesundheit) zum Daseinsglück (I 4; III 35)

Arpinas, atis Adj. zu Arpinum (Stadt in Latium): arpinisch, der Arpinate (I 21)

Atticorum comoedia antiqua die attische Komödie des 5. Jh.s (mit Eupolis, Kratinos und Aristophanes als Klassikern) wurde von den alexandrinischen Philologen die Alte Komödie genannt (I 104)

Brutus 1) L. Iunius Brutus, legendärer Befreier Roms von der Tyrannei der Tarquinier, Begründer der Republik und des Konsulats (III 40)

2) M. Iunius Brutus, berühmter Jurist, Mitbegründer des römischen Zivilrechts (2. Jh.) (II 50)

3) M. Iunius Brutus, Sohn von 2), als Accusator von Cic. auch in den Dialogen De oratore und Brutus heftig getadelt (II 50)

Caesar 1) C. Iulius Caesar Strabo (Vopiscus), i. J. 90 Ädil, schrieb Tragödien und zeichnete sich als Redner durch feinen Humor aus, Dialogpartner in De oratore (I 108, 133)

2) C. Iulius Caesar (13. Juli 100 – 15. März 44), Großneffe von 1), Feldherr und Staatsmann, Redner und Schriftsteller (I 26, 43, 112; II 2, 23, 27f.; 83f.; III 19, 82–85)

Callicratidas (Kallikratidas), spartan. Admiral, unterlag und fiel in der Seeschlacht bei den Arginusen i. J. 406 (I 84, 109)

Calypso die Nymphe Kalypso, eine Tochter des Atlas, behielt den schiffbrüchigen Odysseus sieben Jahre bei sich auf der Insel Ogygia (I 113)

Canius, C. Angehöriger des Ritterstandes (um 115), seine Schlagfertigkeit erwähnt Cic. in De oratore (III 58ff.)

Cannensis calamitas die den Römern bei Cannae in Apulien i. J. 216 von Hannibal zugefügte verheerende Niederlage (III 47)

Capitolium die südliche Anhöhe des Mons Capitolinus, eines der „sieben Hügel" Roms, oft diesem gleichgesetzt (III 104)

Carthago von Phönikern aus Tyros gegründete Stadt an der Küste Nordafrikas, Rivalin Roms um die Vorherrschaft im westlichen Mittelmeerraum, in drei Kriegen besiegt, nach dem dritten i. J. 146 zerstört (I 35; II 76; III 99)

Cassander (Kassandros), Sohn des Antipatros, König von Makedonien (um 300) (II 48)

Cato 1) M. Porcius Cato (234–149) homo novus aus Tusculum, Landwirt, Politiker und Schriftsteller, wegen seiner strengen Amtsführung als Zensor (184) Censorius, wegen seiner ehrfurchtgebietenden Persönlichkeit Sapiens genannt. Von seinen Werken – er schrieb u. a. eine Geschichte der italischen Völker (Origines) und praecepta ad filium – ist nur die Schrift De agri cultura erhalten. Er drängte zum Krieg gegen Karthago (Ceterum censeo . . .) (I 37, 79, 104; II 89; III 1, 16, 104)

2) Cato maior de senectute, nach 1) benannter, dem Freunde Atticus gewidmeter Dialog Ciceros aus dem Jahre 44 (I 151)

3) M. Porcius Cato der Jüngere (95–46), Urenkel von 1), Stoiker, entschlossener Verteidiger der libera res publica. Als Volkstribun (62) beantragte er die Hinrichtung der Catilinarier. Im Bürgerkrieg wurde er Stadtkommandant von Utica, der letzten Bastion der Pompejaner in Afrika, und starb von eigener Hand, um einer Begnadigung durch Caesar zuvorzukommen (Beiname Uticensis). Gegen die Verklärung seines Andenkens durch Brutus und Cicero schrieb Caesar den Anticato (I 112; III 88)

Catulus 1) Q. Lutatius (um 150–87), Redner (laudatio funebris auf seine Mutter), Epigrammdichter und Geschichtsschreiber, Staatsmann und Feldherr, Halbbruder des Caesar Strabo. Nach dem gemeinsamen Konsulat (102) besiegte er zusammen mit Marius i. J. 101 die Kimbern. Als (gemäßigter) Optimat von Cinna und Marius verfolgt, entzog er sich der Proskription durch Freitod. Hauptperson in Ciceros Dialog De oratore (I 109, 133)
2) Q. Lutatius (um 121 – 61/60), Sohn von 1), konnte sich vor den Marianern retten. Als Konsul (78) und Prokonsul verteidigte er die sullanische Ordnung, im Verresprozeß (70) war er Richter. Cic. bescheinigt beiden Catuli Bildung, vornehme Zurückhaltung und vorbildliche Aussprache, rechnet den Sohn aber nicht zu den Rednern (I 76, 109, 133)

Celtiberi die Keltiberer genannten, rohen und kriegstüchtigen Stämme im zentralspanischen Hochland kamen im 2. Punischen Krieg unter römische Herrschaft; ihr zäher Widerstand wurde erst i. J. 133 – nach einem 20jährigen „schmutzigen Krieg" – mit der Eroberung ihrer Festung Numantia durch Scipio Aemilianus gebrochen (I 38)

Chrysippus (Chrysippos) aus Soloi im südöstlichen Kleinasien (280–205), nach Zenon und Kleanthes Schulhaupt der Stoa, deren Lehre er systematisch ausbaute (Ideal des Weisen, Erkenntnistheorie) und gegen die Skepsis der Neuen Akademie verteidigte (III 42)

Cicero 1) M. Tullius (106 – 7. Dezember 43) (I 1–3, 77f., 155; II 1–8; III 1–6)
2) M. Tullius (65 – nach 23), Sohn von 1) kämpfte auf seiten der Caesarmörder, wurde aber später von Octavian gefördert

und i. J. 30 durch Nachwahl Konsul (I 1, 3, 15, 78; II 1, 8; III 1, 5, 121)

Cimbri um 120 verließen die Kimbern (nach einer Sturmflut?) ihre Heimat Jütland, zogen zusammen mit den Teutonen und Ambronen südwärts und schlugen mehrere römische Heere: erste Germanengefahr. Von den Keltiberern aus Spanien zurückgedrängt, wurden sie am 30. Juli 101 bei Vercellae in Oberitalien von Marius, der schon die Teutonen in Südgallien (102) besiegt hatte, und Catulus vernichtet (I 38)

Circe Kirke, die zauberkundige Tochter des Sonnengottes, verwandelte die Gefährten des Odysseus in Schweine. Odysseus zwang sie, den Zauber zu lösen, und blieb ein Jahr bei ihr auf der Insel Aiaia (I 113)

Clytemestra Klytaim(n)estra, die Gemahlin des Agamemnon, den sie mit ihrem Liebhaber Aigisthos nach seiner Rückkehr aus Troia ermordete, Titelfigur einer Tragödie des Accius (I 114)

Cocles, Horatius, hielt die angreifenden Etrusker des Königs Porsenna so lange auf, bis die Römer die (einzige) Pfahlbrücke zerstört hatten, und entkam durch einen Sprung in den Tiber: berühmtes exemplum virtutis (I 61)

Collatinus, L. Tarquinius, Gemahl der Lucretia, Mitverschwörer des Brutus, danach sein Kollege im (legendären) ersten Konsulat i. J. 509 (III 40)

Conon (Konon), bedeutender athen. Flottenbefehlshaber, wurde 405 bei Aigospotamoi von Lysandros besiegt, schlug aber als Admiral der Perser die Spartaner 394 bei Knidos und ließ 393, ein Jahr vor seinem Tode, die Langen Mauern wiederaufbauen (I 116)

Corinthus (Korinthos), die durch ihre Lage am Isthmos begünstigte, auch kunstgeschichtlich bedeutende dorische Handelsstadt, nahm am Kriege des Achäischen Bundes gegen das mit Rom verbündete Sparta teil und wurde 146 völlig zerstört. Erst Caesar veranlaßte die Neugründung (III 46)

Crassus 1) L. Licinius (140–91), berühmtester röm. Redner vor Cicero, ausgezeichnet durch Bildung, Würde und feinen

Witz, Lehrer Ciceros, der ihn im Dialog De oratore das eigene Bildungsideal vertreten läßt. Konsul (95) mit Q. Mucius Scaevola: lex Licinia Mucia de civibus redigendis über die Ausweisung der Italiker aus Rom, die sich durch falsche Angaben das Bürgerrecht erschlichen hatten (I 108, 133; II 47, 49; III 47)

2) M. Licinius (115–53), entkam den Proskriptionen des Marius, denen sein Vater zum Opfer fiel, unterstützte Sulla, dessen Proskriptionen er zur Mehrung seines Reichtums nutzte (Beiname Dives), Konsul 70 und 55. Er schloß i. J. 60 mit Pompeius und Caesar ein Bündnis (sog. 1. Triumvirat) und fiel bei Karrhai im Zweistromland als Statthalter von Syrien in einem Feldzug gegen die Parther (I 25, 109; III 73)

Cratippus (Kratippos) aus Pergamon, kam um 46 von Mytilene auf Lesbos, wo Cicero ihn 51 besucht hatte, nach Athen, um die Leitung des Peripatos zu übernehmen (I 1f.; II 8; III 5f., 121)

Curio, C. Scribonius (um 125–53) Redner und Staatsmann, Konsul 76, Gegner Caesars, der seinen Sohn später durch Übernahme seiner Schulden für sich gewann (III 88)

Cynici (Kynikoí) Anhänger der von dem Sokratiker Antisthenes bald nach 399 im Gymnasion Kynósarges bei Athen gegründeten, durch seinen Schüler Diogenes, den man wegen seiner Lebensweise ‚den Hund' (kýōn) nannte, berühmt gewordenen Philosophenschule. Die Gleichsetzung der Lebenserfüllung mit dem Tugendwissen steigern sie zu radikaler Kulturkritik, äußerster Bedürfnislosigkeit und „zynischer" Verachtung gesellschaftlicher Konventionen (I 128, 148)

Cyrsilus die Steinigung des Kyrsilos (und seiner Familie durch die Frauen der Athener) erwähnt der attische Redner Demosthenes (‚Kranzrede' 296); bei Herodot (IX 5) handelt es sich um den Ratsherrn Lykidas und – wohl zutreffender – die Zeit zwischen dem Seesieg von Salamis und der Schlacht bei Plataiai 479 (III 48)

Cyrus Kyros (Kurasch) II., der Große (559–529), Schöpfer des Persischen Großreiches, Held des Erziehungsromans ‚Kyru paideia' von Xenophon (II 16)

Damon Pythagoreer aus Syrakus, Gegner des jüngeren (nach Cicero: des älteren) Dionysios (III 45)

Decii P. Decius Mus und sein gleichnamiger Sohn sollen als Konsuln 340 und 295 die Römer zum Sieg geführt haben, indem sie sich selbst den unterirdischen Göttern weihten (devotio) und fielen (I 61)

Demetrius 1) Demetrios aus Phaleron in Attika, Anhänger des Peripatos, Staatsmann und Rhetor (345–283) (I 3)
2) Demetrios Poliorketes („Städtebelagerer'), Sohn des Diadochen Antigonos, von 293 bis 287 König von Makedonien (II 26)

Demosthenes (384–322), größter Redner Athens und der Antike überhaupt, Ciceros Vorbild (I 4; II 47)

Dicaearchus Dikaiarchos aus Messene in Sizilien (4. Jh.), Schüler des Aristoteles, vielseitiger Gelehrter. Anders als sein Freund Theophrast bewertete er den Dienst an der Gemeinschaft höher als den bios theoretikos (II 16)

Dio (Dion), syrakusan. Feldherr, Verwandter des Tyrannen Dionysios I., Bewunderer Platons, der seinetwegen dreimal nach Syrakus reiste. Sein Versuch, Platons Staatstheorie durch eine Reform der Tyrannis zu verwirklichen, scheiterte, er wurde 354 ermordet (I 155)

Diogenes Babylonius (Diogenes aus Seleukeia am Tigris), Schüler des Chrysipp, später Schulhaupt der Stoa, 156/155 in Rom („Philosophengesandtschaft"), Lehrer des Panaitios und des Neuakademikers Karneades (in der Dialektik), versuchte wie sein Schüler und Nachfolger Antipatros, an der Lehre von der Tugendautarkie festzuhalten, zugleich aber die werthaften naturgemäßen Dinge stärker zu berücksichtigen, in deren vernünftiger Auswahl (eklogé) das Ziel des Handelns, die Eudaimonia, liege (III 51 ff.)

Dionysius 1) Dionysios I. (um 430–367), Tyrann von Syrakus, dessen Macht er im Kampf gegen Karthago erweiterte und dem er eine kulturelle Blüte bescherte. Aus Furcht vor Anschlägen baute er die Insel Ortygia (Nasos, Insula) zu einer Festung aus (II 25)
2) Dionysios II., Sohn von 1) Tyrann von 367 bis 357 und – nach dem Scheitern Dions – 347 bis 344. Freund und

Förderer der Literatur und Philosophie, aber verschwenderisch und grausam. Nach dem Verlust der Herrschaft im korinthischen Exil (III 45)

Drusus M. Livius, konservativer Reformpolitiker, scheiterte mit dem Versuch, den Konflikt mit den italischen Bundesgenossen friedlich zu lösen; i. J. 91 wurde er als Volkstribun ermordet (I 108)

Ennius Q. (239–169) aus Kalabrien, größter röm. Dichter der archaischen Zeit. Er schrieb einige Komödien, zahlreiche Tragödien und 18 Bücher Annales, eine Darstellung der römischen Geschichte in Hexametern, erst von Vergils Aeneis als Nationalepos abgelöst (I 26, 51 f., 84; II 23; III 62, 104)

Epaminondas (Epameinondas), vielseitig ausgebildeter Staatsmann und Stratege („schiefe Schlachtordnung"), Begründer der kurzlebigen Vorherrschaft Thebens (371–362) (I 155)

Epigoni Tragödie des Accius um die Söhne (Epigonoi, Nachkommen) der sieben vor Theben gefallenen Helden: ihnen gelang die Eroberung der Stadt (I 114)

Epicurus (Epikuros), athen. Philosoph und Schulgründer (341–270), stellte die Physik und Erkenntnistheorie in den Dienst der als Anweisung zu einem erfüllten Leben verstandenen Ethik. Höchstes Gut ist die vor allem als Freiheit von Furcht und Unruhe erfahrene Lust (hēdoné, voluptas) (III 116)

Erillus (Herillos), stoischer Philosoph aus Karthago (um 260), Schüler Zenons, bezeichnete nicht sittliches Handeln, sondern das Wissen (episteme) als höchstes Gut (telos), von dem er allerdings ein untergeordnetes Ziel (hypotelis) für das prakt. Leben unterschied (I 6)

Eteocles (Eteokles), Sohn des Oidipus und der Iokaste, verteidigt aus Machtgier (so in den ‚Phoinissai' des Euripides) seine Alleinherrschaft über Theben gegen die berechtigten Ansprüche seines Bruders Polyneikes; sie töten einander im Zweikampf (III 82)

Euripides (um 480–406), der jüngste und „modernste" der drei großen attischen Tragiker, schrieb um 410 die ‚Phoinissai', eine Gesamtdarstellung des theban. Mythos, genannt nach dem Chor, phönikischen Mädchen auf dem Wege nach Delphi (III 82)

Fabricius C. Luscinus, Konsul 282 und 278; sein Verhalten gegenüber dem Kriegsgegner Pyrrhos galt als Muster altröm. Rechtschaffenheit (I 40; III 86 f.)

Fides frühe, für das röm. Selbstverständnis besonders wichtige Personifikation. Im Fidestempel auf dem Kapitol fanden gelegentlich Senatssitzungen statt (III 104)

Gracchus 1) C. Sempronius (153–121), Volkstribun 123 und 122, verbesserte durch Reformgesetze die Lage der stadtrömischen plebs und der Kleinbauern, verhalf den Rittern zu beherrschendem Einfluß auf die Gerichtsbarkeit und schwächte die Macht des Senats. Als es nach einem Antrag auf Abschaffung dieser Gesetze zu Unruhen kam, wandte der Konsul L. Opimius erstmals das senatus consultum ultimum (Videant consules, . . .) an. Nach der Niederlage seiner bewaffneten Anhänger ließ C. sich von einem Sklaven töten (II 43, 72, 80)
2) Ti. Sempronius (um 220 – um 150), Vater von 1) und 3), erfolgreich als Feldherr, Statthalter in Spanien und Zensor (169), verheiratet mit Cornelia, der Tochter des Scipio Africanus Maior (II 43, 80)
3) Ti. Sempronius (162–133), geschulter Rhetor, Schüler und Freund des Stoikers Blossius. Aus Sorge um die Wehrkraft Roms leitete er als Volkstribun eine Neuverteilung des ager publicus zugunsten der bäuerlichen plebs ein. Als er verfassungswidrig eine Verlängerung seines Amtes betrieb, wurde er mit 300 Anhängern von Gegnern aus der Aristokratie unter P. Cornelius Scipio Nasica erschlagen: Beginn der Auseinandersetzung zwischen Popularen und Optimaten (I 76, 109; II 43)

Gyges König von Lydien (um 680/650), Begründer der Dynastie der Mermnadai, deren Herrschaft mit Kroisos 547 endete. Herodot (I 8–14) erzählt die Geschichte seines Aufstiegs ohne das Märchenmotiv vom Zauberring als tragische Novelle (III 38)

Gytheum (Gytheion), Stadt am Lakonischen Golf, Haupthafen Spartas (III 49)

Hamilcar karthag. Feldherr im 1. Punischen Krieg, von Cic. mit H. Barkas („Blitz"), dem Vater Hannibals, verwechselt (III 99)

Hannibal (247–183), karthagischer Staatsmann, genialer Feldherr des zweiten Punischen Krieges (I 108; III 113 f.)

Hecato (Hekaton), stoischer Philosoph aus Rhodos (um 120), Schüler des Panaitios, Verfasser mehrerer Schriften zur Ethik, darunter der von Cic. benutzten „Über die Pflicht(en)" (III 63, 89)

Hercules (Herakles), Sohn des Zeus und der Alkmene, volkstümlichster Held des antiken Mythos, Wohltäter und Überwinder (I 118; III 25)

Hernici die Herniker, ein Volksstamm in Latium, im Jahre 306 während des 2. Samniterkrieges von Rom unterworfen (I 35)

Herodotus (Herodotos) aus Halikarnassos (um 484–425), der „Vater der Geschichtsschreibung" (Cicero), erzählt aufgrund eigener Nachforschungen, für die er weite Reisen unternahm, die Geschichte des Konflikts zwischen Hellenen und „Barbaren", Europa und Asien, Freiheit und Despotie (II 41)

Hesiodus (Hesiodos) aus Askra in Boiotien (um 700), schuf im Versmaß und in der Sprache der Homerischen Epen Lehrgedichte: die „Theogonie" (Weltentstehung und Götterstammbaum) und „Werke und Tage" (Bauernkalender) (I 48)

Hippolytus (Hippolytos), der Sohn des Theseus, wies die Liebe seiner Stiefmutter Phaidra zurück. Von ihr aus Rache beim Vater verleumdet, wurde er von seinen Pferden, die Poseidon auf Wunsch seines Sohnes Theseus scheuen ließ, zu Tode geschleift (I 32)

Homerus (Homeros), mutmaßlicher Dichter der (um 750 in Ionien entstandenen) Ilias und der etwas jüngeren Odyssee (III 97)

Hortensius Hortalus, Q. (114–50), berühmter Redner, bewußter Aristokrat, Konsul 69, verteidigte Verres gegen Cicero, mit dem er später zusammenarbeitete und der einen (verlorengegangenen) Dialog nach ihm nannte, in dem H. die Rhetorik, C. die Philosophie preist (III 73)

Iason Pheraeus Tyrann (um 380–370) der Stadt Pherai in Thessalien, tüchtiger Feldherr und kluger Diplomat (I 108)

Isocrates (Isokrates), athen. Redner und polit. Publizist (436 – um 338), lehrte Rhetorik als Anleitung zum richtigen Denken und Handeln und sah im Logos die Grundlage der menschlichen Gesellschaft und Gesittung (I 4)

Ithaca (Ithake), Insel im Ionischen Meer, Heimat des Odysseus (III 97)

Iuppiter (Jupiter), Himmels- und Lichtgott (gr. Zeus), röm. Hauptgott (I. Optimus Maximus) mit einem Tempel auf dem Kapitol (I 118; III 102, 104f.)

Labeo Q. Fabius, Konsul i. J. 183 (I 33)

Lacedaemonii (Lakedaimonioi), die Spartaner, deren Stadt und Staat amtlich Lakedaimon hießen (I 64, 109; II 26, 77, 80; III 49, 99)

Laelius 1) C., genannt Sapiens, Konsul 140, von Diogenes Babylonius und Panaitios für die stoische Philosophie gewonnen, Mitunterredner in Ciceros Dialogen De re publica und Cato maior de senectute (I 108; III 16)
2) Laelius de amicitia, nach 1) benannter, dem Atticus gewidmeter Dialog Ciceros aus dem Jahre 44, Denkmal der exemplarischen Freundschaft zwischen L. und dem jüngeren Scipio Africanus (II 31)

Latini Bewohner von Latium in Mittelitalien; sie erhoben sich 340 gegen die Vorherrschaft Roms, wurden aber 338 von T. Manlius am Veseris besiegt. Der Latinische Städtebund blieb nur als Kultgemeinschaft mit dem Albanerberg als Mittelpunkt bestehen; die Städte erhielten ein beschränktes römisches Bürgerrecht (sine suffragio) (I 38; III 112)

Leuctra, orum (Leuktra), Ebene (und Kleinstadt?) in Boiotien, berühmt durch den Sieg des Epameinondas über die Spartaner i. J. 371; Adj.: **Leuctricus** (I 61; II 26)

Lucullus 1) L. Licinius (117–56), erfolgreicher Feldherr unter Sulla, 74 Konsul, Sieger über die Könige Mithradates von Pontos und Tigranes von Armenien; er besaß prachtvolle Villen, Bibliotheken und eine Kunstsammlung, wurde aber vor allem als Feinschmecker bekannt (I 140; II 50)
2) M. Licinius, jüngerer Bruder von 1), Feldherr und Redner, mit Cic. durch gegenseitige Hochschätzung verbunden (II 50)

Lycurgus (Lykurgos), sagenhafter Schöpfer der Verfassung Spartas (9./7. Jh.) (I 76)

Lydia Landschaft mit den Flüssen Hermos und Maiandros in der Mitte des westlichen Kleinasien, Königreich (Hauptstadt: Sardeis), dann pers. Provinz (III 38)

Lysander (Lysandros) 1) spartan. Feldherr, entschied durch den Seesieg von Aigospotamoi 405 den Peloponnes. Krieg, nahm 404 die Kapitulation Athens entgegen und sorgte für die Wahl von 30 Oligarchen; um ihn entwickelte sich früher Herrscherkult (I 76, 109)

2) spartan. Politiker, unterstützte als einer der fünf Ephoren („Aufseher") die Reformpläne des Königs Agis (II 80)

Lysis Pythagoreer aus Tarent, kam als Flüchtling aus Unteritalien nach Theben, wo er im hohen Alter Lehrer des jungen Epameinondas wurde (I 155)

Macedones (Makedones), Bewohner der Landschaft Makedonien nördlich von Griechenland mit hellenischer oder stark hellenisierter Oberschicht, seit Philipp II. und Alexander d. Gr. Kernvolk der griechischen Staatenwelt (II 26, 76)

Mancia Q. Mucius, Zeitgenosse Ciceros, sonst unbekannt, wohl kaum mit Helvius Mancia (De oratore II 266, 274) identisch (I 109)

Manlius 1) Aulus M. Capitolinus, Vater von 2) (III 112)

2) L. M. Capitolinus Imperiosus, Diktator i. J. 363 (III 112)

3) T. M. Imperiosus Torquatus, Sohn von 2), gewann im Zweikampf den Halsring (torques) eines Galliers, war je dreimal Diktator und Konsul, ließ seinen siegreichen Sohn wegen Ungehorsams hinrichten (imperium Manlianum) und besiegte die Latiner (340) am Flüßchen Veseris in der Nähe des Vesuvs (III 112)

Marathon attische Gemeinde an der Ostküste; in der Ebene von M. wurden die persischen Invasionstruppen i. J. 490 von den Athenern unter Miltiades besiegt, ein Läufer brachte die Nachricht nach Athen (I 61)

Marcellus M. Claudius, ging zur Offensive gegen Hannibal über („Roms Schwert"), eroberte 212 Syrakus und fiel, zum fünftenmal Konsul, 208 bei Venusia in Unteritalien (I 61)

Marius, C. (156–86), homo novus aus einfachen Verhältnissen, vielleicht aus dem Ritterstande, einer der größten röm. Feldherren, besiegte die Numider in Nordafrika (107), nach einer Heeresreform die Kimbern und Teutonen (102/101). Als Führer der Popularen von Sulla i. J. 88 vertrieben und geächtet, kehrte er schon 87 mit Hilfe des Konsuls Cinna nach Rom zurück, wo zahlreiche Optimaten ihrem Terror zum Opfer fielen; er starb kurz nach Antritt seines 7. Konsulats (I 76)

Massilia (Massalia, heute Marseille), von Griechen aus dem ionischen Phokaia gegründete Handelsstadt an der Rhonemündung, mit Rom verbündet, im Bürgerkrieg auf der Seite des Verlierers Pompeius (II 28)

Maximus, Q. Fabius, genannt Cunctator, mehrmals Konsul, i. J. 217 Diktator, bereitete durch seine Defensivstrategie („Roms Schild") die Wende im Hannibalischen Krieg vor (I 84, 108)

Medi indogermanisches Viehzüchtervolk im Iran, nahe verwandt mit den Persern, die anfänglich unter ihrer Oberhoheit stehen, unter Kyros II. aber das Königreich der Meder erobern (II 41)

Medus (Medos, Medeios), Sohn der Königstochter und Zauberin Medeia aus Kolchis am Schwarzen Meer (Argonautensage) und des myth. Königs Aigeus von Athen, Held einer Tragödie des Pacuvius (I 114)

Melanippa (Melanippe), Geliebte Poseidons, wird von ihrem Vater, dem thessalischen König Aiolos, geblendet und eingekerkert; ihre Zwillingssöhne werden ausgesetzt, von Hirten gefunden und aufgezogen, schließlich befreien sie ihre Mutter, der Poseidon das Augenlicht wiedergibt; Heldin von Tragödien des Euripides und des Ennius (I 114)

Metellus 1) Q. Caecilius, Staatsmann und Feldherr, verwandelte 147/46 Makedonien in eine röm. Provinz (Macedonicus), kämpfte gegen die Keltiberer, war Konsul, Zensor und Augur; politischer Gegner der Gracchen und des jüngeren Scipio Africanus (I 87)

2) Q. Caecilius, Konsul 109, als Befehlshaber in Nordafrika (Numidicus) von seinem Gegner Marius abgelöst, der ihn i. J. 100 ins Exil drängte; überzeugter Optimat, fähiger Redner (III 79)

Minerva (Athena), Tochter des Zeus-Iuppiter, wehrhafte Göttin der Weisheit und Geschicklichkeit (I 110)

Mucius Scaevola 1) P., Konsul 133, aufgeschlossen für die Reformen des Ti. Gracchus, schöpferischer Rechtsgelehrter (I 116; II 47)

2) Q., Sohn von 1), Verfasser eines berühmten Werkes über das ius civile, Konsul i. J. 95, hervorragender Redner, hochgebildet und uneigennützig, Ciceros jurist. Lehrer (I 116; III 47, 62, 70)

Mummius L., eroberte i. J. 146 Korinth, überließ die erbeuteten Kunstschätze Rom und anderen Städten in Italien, 142 Zensor mit Scipio Aemilianus (II 76)

Nasica s. Scipio 6)

Nicocles (Nikokles), Tyrann von Sikyon, i. J. 251 nach viermonatiger Herrschaft von Aratos gestürzt (II 81)

Norbanus C., homo novus aus Norba in Latium, 103 Volkstribun, betrieb die Verurteilung des von den Kimbern und Teutonen geschlagenen Prokonsuls Caepio, wurde 94 aufgrund des gleichen Gesetzes gegen Landes- und Hochverrat (imminutae maiestatis populi Romani) angeklagt, aber freigesprochen. 83 Konsul, 82 von den Sullanern besiegt, floh nach Rhodos, wo er Selbstmord beging (II 49)

Numantia wichtigste Stadt der Keltiberer in Zentralspanien, i. J. 133 nach systematischer Belagerung durch Scipio Aemilianus zerstört (I 35, 76)

Octavius 1) Cn., erfolgreicher Flottenbefehlshaber, Konsul i. J. 165 (I 138)

2) M., brachte als Volkstribun (um 120?) ein Getreidegesetz durch, das die weitergehende lex frumentaria des C. Gracchus von 123 ablöste (II 72)

Pacuvius M., aus Brundisium (220–132), Neffe des Ennius, Tragödiendichter, Autor der ‚Antiopa' und des ‚Medus' (I 114)

Palamedes myth. Erfinder u. a. der Maße und Gewichte, an Einfallsreichtum Odysseus ähnlich. Als O., um Wahnsinn vorzutäuschen, mit einem Pferd und einem Ochsen pflügte und Salz in die Furchen säte, zwang P. ihn, seine Verstellung aufzugeben, indem er den neugeborenen Telemachos vor den Pflug legte. Aus Rache fingierte Odysseus vor Troia einen vertraulichen Brief des Priamos, ließ Gold unter dem Zelt des Palamedes vergraben und überführte ihn dann der Bestechlichkeit und des Verrats; P. wurde gesteinigt (III 98)

Palatium einer der „sieben Hügel" und ältester Teil Roms, vornehmes Wohnviertel der Aristokraten und Aufsteiger (I 138)

Panaetius (Panaitios) aus Rhodos (etwa 180–110), Schüler der Philosophen Diogenes und Antipatros, Begründer der mittleren Stoa (Schulhaupt seit 129), Lehrer des Hekaton und des Poseidonios. Aufgeschlossen für andere Richtungen (Aristoteles), näherte er die Theorie der Lebenswirklichkeit an. Er lehrte die Einheit des Menschengeschlechts und die Pflichterfüllung im Dienst der Gemeinschaft als Vollendung der individuellen Natur. Als Freund führender Aristokraten (Scipio Aemilianus, Laelius) begründete er den römischen Stoizismus, regte zur Bildung des humanitas-Begriffs an und verschaffte der Naturrechtslehre Eingang ins ius civile. (Einl. § 1; I 7, 9, 90, 152, 161; II 16, 35, 51, 60; III 7, 34)

Papius, C. Volkstribun i. J. 65; aufgrund der lex Papia de peregrinis (gegen Fremde, die sich das röm. Bürgerrecht anmaßten) sollte der Cicero nahestehende Dichter Archias i. J. 62 ausgewiesen werden (III 47)

Paullus, L. Aemilius, siegte i. J. 168 bei Pydna über Perses (Perseus), den letzten König der Makedonen, und erhielt den Beinamen Macedonicus (I 116, 121; II 76)

Pausanias spartan. König, schlug als Oberbefehlshaber der Griechen die Perser i. J. 479 bei Plataiai, scheiterte aber später an übersteigertem Selbstgefühl und starb als Hochverräter (I 76)

Pelops Sohn des Tantalos, besiegte Oinomaos von Elis im Wagenrennen (Ursprung der Olymp. Spiele) und gewann so dessen Tochter Hippodameia und die Königsherrschaft; später beherrschte er die ganze „Pelopsinsel" (Peloponnes) (III 84)

Pennus, M. Iunius, Volkstribun 126, brachte ein Gesetz ein, das Nichtbürgern (rückwirkend) die Niederlassung in Rom verbot; es wurde von C. Papius erneuert (III 47)

Pericles (Perikles), größter Staatsmann Athens (um 490–429), dessen Politik er 30 Jahre lang, immer wieder zum Strategen gewählt, bestimmte; glänzender und furchtloser Redner (I 108, 144)

Peripatetici (Peripatetikoi), Anhänger der in Konkurrenz zur Akademie gegründeten Schule des Aristoteles, der in der Wandelhalle (peripatos) des zum Heiligtum des Apollon Lykeios gehörigen Gymnasions gelehrt hatte (I 2, 6; II 16; III 20)

Persae (Persai), indogerman. Volk im Iran; das persische Weltreich bestand 200 Jahre, zwischen 499 und 478 (Perserkriege) bedrohte es die Freiheit Griechenlands (III 48f.)

Phalaris (um 560), Tyrann von Akragas (Agrigentum) in Sizilien, später wegen seiner Grausamkeit berüchtigt. Hinter der Erzählung vom bronzenen Stier, in dem er seine Feinde geröstet haben soll, wobei ihre Todesschreie wie Stiergebrüll geklungen hätten, verbirgt sich vielleicht die Erinnerung an Menschenopfer in der karthagischen Kolonie von Akragas (II 26; III 29, 32)

Philippus 1) Philippos II., König von Makedonien (359–336), Vater Alexanders d. Gr. (II 48)

2) Philippos (um 332–306) Sohn des makedon. Feldherrn und Diadochen Antigonos, jüngerer Bruder des Demetrios Poliorketes (II 48)

3) L. Marcius (um 136 – um 75), Volkstribun 104, Konsul (Gegnerschaft zu M. Livius Drusus) 91, neigte zunächst den Popularen, später den Optimaten zu, wegen seiner gemäßigten Haltung allseits geachtet; gebildet, witzig und im Wortgefecht scharf, war er nach Antonius und Crassus der beste Redner seiner Zeit (I 108; II 73; III 87)

4) Q. Marcius, Vater von 3), Staatsmann und Feldherr, Konsul 186 und 169, in Makedonien von L. Aemilius Paullus abgelöst (III 87)

Phintias s. Damon

Phoenissae (Phoinissai) s. Eteocles, Euripides

Piraeus (Peiraieus) Haupthafen Athens mit drei Hafenbecken, von Themistokles ausgebaut, von Sulla zerstört (III 46)

Piso, L. Calpurnius, schuf als Volkstribun 149 die gesetzliche Grundlage für Erpressungsklagen gegen röm. Statthalter, Konsul 133, Geschichtsschreiber (7 B. Annales) (II 75)

Plaetoria lex (oder Laetoria), vor 192 erlassen, setzte das Mindestalter für den Abschluß von Geschäftsverträgen auf 25 Jahre fest, um junge Leute vor Übervorteilung zu schützen (III 61)

Plataeae (Plataiai), Stadt in Boiotien s. Pausanias

Plato (Platon) aus Athen (427–347), Schüler des Sokrates, Begründer des philosophischen Idealismus, Staatsdenker und Ethiker; sein Werk umfaßt eine Verteidigungsschrift für Sokrates (Apologie), Dialoge und Briefe (I 4, 15, 22, 28, 63f., 85, 87; III 38f.)

Platonici s. Academici; im weiteren Sinne auch die Anhänger des Platonschülers Aristoteles (I 2)

Plautus, T. Maccius (oder Maccus), größter röm. Komödiendichter (um 250–184), seine Stücke, selbständige Bearbeitungen griechischer Vorlagen, waren wegen ihres urwüchsigen Humors und ihrer sprachlichen Meisterschaft allgemein beliebt (I 104)

Poeni Punier, röm. Bezeichnung für die aus Phönikien stammenden Karthager (I 38, 108; III 99f.)

Polybius (Polybios) aus Megalopolis in Arkadien (um 200–120), Reiterführer des Achäischen Bundes, gehörte zu den 1000 Geiseln, die nach dem Zusammenbruch Makedoniens (s. Paullus) nach Italien gebracht wurden. Als Freund und Berater des jüngeren Scipio wird er zum Bewunderer Roms, dessen Aufstieg zur Weltmacht er in seinem Geschichtswerk darstellt (III 113)

Pompeius 1) Cn., mit dem Beinamen Magnus (106–48), Imperator aus eigener Macht auf seiten Sullas, 70, 55 und 52 Konsul, besiegte die Piraten (67) und befriedete den östlichen Mittelmeerraum (66–63). Vom Senat enttäuscht, schloß er i. J. 60 einen Dreibund mit Crassus und Caesar, dessen Tochter er heiratete. Nach ihrem Tode näherte er sich wieder den Optimaten, verteidigte im Bürgerkrieg die Republik gegen Caesar und wurde nach der Niederlage bei Pharsalos in Ägypten ermordet (I 76, 78; II 60; III 82)

2) Sex., Onkel von 1), reich an Kenntnissen im Zivilrecht, in der Mathematik und in der stoischen Philosophie (I 19)

Pomponius, M. Volkstribun i. J. 362 (III 112)

Pontius, C., Feldherr der Samniten, zwang i. J. 321 in einem Engpaß bei der Stadt Caudium ein römisches Heer zur Kapitulation und schickte es unters Joch („kaudinisches Joch") (II 75)

Posidonius (Poseidonios) aus Apameia in Syrien (um 135–51), Schüler des Panaitios, stoischer Philosoph, Geschichtsschreiber und Ethnograph. Er sah im Kosmos einen lebenden Organismus, dessen Teile in Harmonie (sympátheia) miteinander verbunden sind. Cicero und Pompeius besuchten ihn auf Rhodos (I 159; III 8, 10)

Prodicus (Prodikos) aus Keos (5. Jh.), athenischer Sophist, Rhetor und Sprachforscher (Synonymik). Seinem Hauptwerk ‚Horai' (Göttinnen der Jahreszeiten) entnahm Xenophon die Beispielerzählung oder ‚moralische Metapher' von Herakles am Scheidewege (I 118)

Ptolomaeus (Ptolemaios II. Philadelphos), König von Ägypten (285–246) (II 82)

Punicum bellum secundum (218–201) (III 47)
tertium (149–146) (I 79)

Pyrrho (Pyrrhon) aus Elis (365–275), Begründer des philosophischen Skeptizismus; nach ihm sind dem Weisen alle äußeren Dinge, über deren Wert es ja kein sicheres Urteil gibt, so gleichgültig, daß er sie nicht einmal wahrnimmt. Damit wird nach Meinung Ciceros jede sittliche Entscheidung gegenstandslos (I 6)

Pyrrhus (Pyrrhos), König von Epirus in Nordwestgriechenland (306–272), entriß i. J. 287 Demetrios Poliorketes die Herrschaft über Makedonien, verlor sie aber nach sieben Monaten; an der Seite der Griechenstadt Tarent kämpfte er als ritterlicher Gegner mit den Römern, die er zweimal besiegte, bevor er (275) aus Unteritalien verdrängt wurde (I 38, 40; II 26; III 86)

Pythagoras (um 580–500), Philosoph, Mathematiker und Astronom aus Samos, gründete in Kroton (Unteritalien) eine politisch-religiöse Bruderschaft (I 56)

Pythagoreus (Pythagoreios), Anhänger des Pythagoras, Pythagoreer (I 155; III 45)

Pythius (Pythios) 1) Beiname des Apollon nach der Tötung des von der Erdgöttin Gaia geborenen Drachen Python bei Delphoi (Pytho) (II 77)
2) Bankier in Syrakus (1. Jh.) (III 58 ff.)

Quirinus kriegerischer Stammesgott der (sabinischen?) Bewohner des Quirinalhügels, später mit dem zu den Göttern entrückten Romulus verschmolzen (III 41)

Regulus M. Atilius, Konsul 267 und 256, landete während des 1. Punischen Krieges nach einer großen Seeschlacht in Afrika, wurde aber i. J. 255 von den Karthagern besiegt und starb in der Gefangenschaft. Die von Cic. erzählte Geschichte von seiner Entsendung nach Rom (250), Rückkehr nach Karthago und qualvollen Hinrichtung sollte anscheinend eine ältere Version verdrängen, nach der die Familie des R. seinen Tod an zwei karthagischen Geiseln grausam gerächt habe (III 99 ff.)

Rhodus (Rhodos), große und fruchtbare Insel vor der SW-Küste von Kleinasien, behauptete sich lange als unabhängige Handelsrepublik, später mit Rom verbündet, i. J. 42 vom Caesarmörder Cassius erobert; Bewohner: **Rhodii** (III 50, 57, 63)

Romulus Sohn des Gottes Mars und der königlichen Vestalin Rea Silvia aus Alba Longa, myth. Gründer und erster König Roms (III 41)

Roscius Sex., röm. Bürger aus Ameria in Umbrien, i. J. 80 der Ermordung seines Vaters, eines reichen Gutsbesitzers, angeklagt, von Cicero verteidigt; hinter der Anklage stand ein mächtiger Mann, Sullas Freigelassener L. Cornelius Chrysogonus (II 51)

Rupilius tragischer Schauspieler (um 100) in Rom (I 114)

Rutilius Rufus, P. (Konsul 105), Schüler des Juristen P. Mucius Scaevola und des Philosophen Panaitios, Mitglied des Scipionenkreises. Zu Unrecht wegen Erpressung angeklagt, unterlag er wegen seines typisch stoischen – argumentativen, aber glanzlosen – Redestils. Im freiwilligen Exil in Smyrna besuchte ihn Cicero, in dessen Dialog De re publica er als Gesprächsteilnehmer auftritt (II 47)

Sabini Bergvolk nordöstlich von Rom, um 300 unterworfen, erhielten sie 268 das eingeschränkte, 241 das volle Bürgerrecht (tribus Quirina) (I 35, 38)

Salamis Insel vor der Südküste Attikas, westlich des Piräus, bei der i. J. 480 die persische Flotte von den Griechen vernichtend geschlagen wurde (I 61, 75)

Salmacides Weichling; wer in der Quelle Salmakis in Karien (Kleinasien) badete, verlor der Sage nach seine Männlichkeit (I 61)

Samnites mit den Sabinern verwandte Stämme im mittleren und südlichen Appenin, im 4. und 3. Jh. in schweren Kriegen von Rom unterworfen. Nach dem Ende des Bundesgenossenkrieges (91–89) erhielten sie wie alle Italiker das röm. Bürgerrecht, setzten aber den Widerstand fort, verbündeten sich mit Marius und wurden i. J. 82 von Sulla nahezu ausgerottet; Sg.: **Samnis** (I 38; II 75)

Sardi Sarden, die Bewohner der Insel Sardinien, die i. J. 238 von Karthago abgetreten werden mußte und röm. Provinz wurde (II 50)

Scaurus 1) M. Aemilius, aristokrat. Staatsmann, Konsul i. J. 115, danach princeps senatus. Sein hohes Ansehen beruhte auf Gesetzesinitiativen, seiner Leistung als Zensor i. J. 109 (Via Aemilia u. a. Bauten), vor allem aber auf dem geschickten Einsatz natürlicher Würde (gravitas) (I 76, 108)

2) M. Aemilius, Sohn von 1), Prätor i. J. 56, danach Statthalter in Sardinien, das er ausplünderte, um die Schulden aus seiner Amtszeit als Ädil zu bezahlen. Von Cic. erfolgreich gegen die Anklage der Erpressung verteidigt, bewarb er sich vergeblich um das Konsulat und wurde i. J. 52 wegen unerlaubter Wahlbeeinflussung verurteilt; er starb im Exil. Sein Haus auf dem Palatium war der erste palastartige Privatbau Roms (I 138)

Scipio 1) Cn. Cornelius, Konsul 222, besiegte die Karthager 217 in einer Seeschlacht und fiel i. J. 211 in Spanien (I 61; III 16)

2) P. Cornelius, Konsul 218, von Hannibal am Ticinus geschlagen, errang mit seinem Bruder 1) Erfolge über die Karthager, ohne sie aus Spanien hinausdrängen zu können; er fiel 212 oder 211 (I, 61; III 16)

3) P. Cornelius (234–133), Sohn von 2), erhielt nach dem Sieg über Hannibal bei Zama (202) den Beinamen Africanus, glänzender militärischer und politischer Führer (I 121; II 80; III 1 ff.)

4) P. Cornelius, Sohn von 3), wegen schwacher Gesundheit nicht politisch tätig (Augur 180), schrieb Geschichte in griechischer Sprache (I 121)

5) P. Cornelius S. Aemilianus, Sohn des L. Aemilius Paullus, von 4) adoptiert, Feldherr und Staatsmann, eroberte 146 Karthago (Africanus), 133 Numantia (Numantinus) und kämpfte bis zu seinem plötzlichen Tod i. J. 129 gegen die Reformen des Ti. Gracchus. Philosophisch und historisch gebildet, war er Mittelpunkt eines Kreises, dem u. a. Panaitios und Polybios, Laelius und Terenz angehörten oder nahestanden (I 76, 87, 90, 108, 116, 121; II 76)

6) P. Cornelius S. Nasica Serapio, Konsul 138, pontifex maximus seit 141. Als leidenschaftlicher Optimat Anführer der Senatsmehrheit, die bei der Wahlversammlung des Jahres 133 Ti. Gracchus und seine Anhänger mit Knüppeln erschlug (I 76, 109)

7) P. Cornelius S. Nasica Serapio, Sohn von 6), Konsul 111, besaß als Redner Witz und Schärfe (I 109)

Siculi 1) Sikuler, ein aus Italien auf die nach ihm Sikelia genannte Insel eingewanderter, später hellenisierter Volksstamm

2) Sizilier, alle Einwohner der röm. Provinz Sicilia (II 50)

Sicyon (Sikyon), Nachbarstadt von Korinth an der Nordküste der Peloponnes (II 81f.)

Socrates (Sokrates), athen. Steinmetz und Philosoph (470–399). Er forderte zu kritischem Fragen auf und nutzte die Kunst der Gesprächsführung (Dialektik) zur Begriffsfindung und Sicherung ethischer Grundsätze, zu denen die Lehre von der Einheit von Sittlichkeit und Nutzen gehörte. Den Sophisten, die er bekämpfte, fälschlicherweise zugerechnet, wurde er wegen Verführung der Jugend und Gottlosigkeit zum Giftbecher verurteilt (I 108, 148)

Socratici (Sokratikoi) 1) die schriftstellerisch tätigen Schüler des Sokrates, vor allem Platon und Xenophon (I 104, 134)

2) Akademiker und Aristoteliker (Peripatetiker), deren Lehren letztlich auf S. zurückgehen (I 2)

Solon (um 640–560), athen. Staatsmann und Dichter, einer der „Sieben Weisen". Sein Verfassungswerk (594) schuf mit dem Rat der 400 und dem Volksgericht Gegengewichte zur Macht des (schon älteren!) Areopags, steigerte aber seine Autorität als Aufsichtsbehörde (I 75, 108)

Sophocles (Sophokles), einer der drei großen attischen Tragiker, wegen seiner harmonischen Persönlichkeit von den Athenern geliebt und nach seinem Tode (406) als Halbgott verehrt (I 144)

Sparta Hauptstadt der Landschaft Lakonien im SO der Peloponnes und Staat der Lakedämonier (II 77)

Stoici (Stoikoi), Angehörige der von Zenon aus Kition um 300 gegründeten Philosophenschule, deren Unterricht in der mit Wandgemälden geschmückten „Bunten Halle" (stoa poikile) in Athen stattfand. In Rom wurde der Stoizismus zur Weltanschauung vieler Gebildeter (I 6, 22 f., 62, 128, 142; II 51; III 13 f., 20, 51, 91)

Sulla 1) L. Cornelius (138–78), Feldherr und Staatsmann, hatte wesentlichen Anteil an den Siegen des Marius in Nordafrika und im Kimbernkrieg, marschierte als Konsul (88) gegen Rom, als ihm die Volksversammlung den Oberbefehl gegen Mithradates zugunsten des Marius nehmen wollte, kehrte nach großen Erfolgen im Osten i. J. 83 nach Italien zurück, vernichtete die Marianer und Samniten und leitete als Diktator (82–79) eine Verfassungsreform ein, die die Macht des Senats auf Kosten der Volkstribunen und Ritter stärkte. Als charismatischer Heerführer (Beiname Felix) und rücksichtsloser Machtpolitiker umstritten (I 43, 109; II 27, 29, 51; III 87)

2) P. Cornelius, Verwandter (Neffe?) von 1), an dessen Proskriptionen i. J. 82 er sich bereicherte, 66 als designierter Konsul wegen Wahlbestechung verurteilt, i. J. 62 von Cicero erfolgreich gegen die Anklage auf Teilnahme an der Catilinarischen Verschwörung verteidigt. Später Caesarianer, beteiligte er sich i. J. 46 wieder am Ankauf beschlagnahmten Privatbesitzes (II 29)

3) Cornelius, Freigelassener von 1) (II 29)

Sulpicius 1) Galus, C., Konsul 166, beschäftigte sich mit Mathematik und Astronomie; als Militärtribun unter L. Aemilius Paullus soll er durch die wissenschaftliche Erklärung einer Mondfinsternis vor der Schlacht bei Pydna (168) dem Heer die Furcht genommen haben (I 19)
2) Rufus, P. (124–88), hervorragender Redner, zunächst konservativer Reformpolitiker, dann Gegner der Nobilität, bewirkte als Volkstribun die Abberufung Sullas und wurde nach dessen Marsch auf Rom geächtet und auf der Flucht ermordet (II 49)

Syracusae (Syrakusai), im 8. Jh. von korinth. Siedlern an der Ostküste Siziliens gegründet, bedeutendste Stadt der Insel, nach ihrer Eroberung (212) Sitz des röm. Statthalters, beliebter Urlaubsort (III 58); Adj.: **Syracosius** (I 155)

Tantalus (Tantalos), myth. König von Lydien, Sohn des Zeus, Vater des Pelops, wegen versuchter Überlistung der Götter zu ewiger Unterweltsstrafe verurteilt (III 84)

Tarquinius Superbus, L., letzter röm. König; die Geschichte seiner Vertreibung (510) ist weitgehend erdichtet (III 40); die **Tarquinii** stammten aus dem gleichnamigen Stadtstaat in Etrurien (III 40)

Terentius Afer, P. (um 190–158), röm. Lustspieldichter, Freigelassener libyscher Herkunft, schrieb sechs Stücke nach griechischen Originalen der Neuen Komödie. Sie verbinden tiefe Menschlichkeit mit sprachlicher Eleganz; Adj.: **Terentianus** (I 30, 150)

Thebanus (Thebaios), Bürger von Theben in Boiotien (I 155)

Thebe Tochter des Tyrannen Iason von Pherai, unglücklich mit dessen Nachfolger Alexandros verheiratet (II 25)

Themistocles (Themistokles), athen. Politiker und Stratege, führender Staatsmann Griechenlands in den Perserkriegen, schuf gegen den Widerstand der Konservativen (Aristeides) eine starke Kriegsflotte, führte die Schlacht von Salamis herbei und sorgte trotz Spartas Einspruch für die Wiederbefestigung Athens. Durch Ostrakismos verbannt und wegen Hochverrats zum Tode verurteilt, floh er nach Kleinasien und starb im persischen Exil (I 75, 108; II 16, 71; III 49)

Theophrastus (Theophrastos) aus Lesbos (um 371–286), Schüler und Nachfolger des Aristoteles als Leiter des Peripatos, vielseitiger Gelehrter, Schriftsteller und Philosoph. Grundlage der Ethik ist für ihn die Natur, ihr Ziel die Verwirklichung der menschlichen Anlagen. Gegen Dikaiarchos verteidigte er den höheren Rang der theoretischen Lebensform. Er führte den Begriff der Oikeiosis (Aneignung, Anverwandlung, Selbsterhaltung) in die Philosophie ein; seine Schrift ‚Über die Freundschaft' war Vorbild für Ciceros Dialog ‚Laelius' (I 3)

Thermopylae (Thermopylai), Küstenpaß zwischen Thessalien und Mittelgriechenland, im August 480 von Spartanern unter Leonidas mehrere Tage heldenmütig gegen eine persische Übermacht verteidigt (I 61)

Theseus athen. Nationalheros, Sohn des Königs Aigeus oder des Gottes Poseidon, Überwinder des Minotauros und anderer Ungeheuer, Vater des Hippolytos (I 32)

Thraecius thrakisch; die Thraker waren die östlichen Nachbarn der Makedonen (II 25)

Timotheus (Timotheos), athen. Politiker und Stratege (376–356), Flottenbefehlshaber wie sein Vater Konon, Schüler und Freund des Isokrates (I 116)

Transalpina bella Kriege jenseits der Alpen (II 28)

Transpadani die Bewohner des Landes zwischen dem Po (Padus) und den Alpen erhielten i. J. 89 das latinische, i. J. 49 durch Caesar das volle römische Bürgerrecht (III 88)

Troezen (Troizen), Stadt an der Nordküste der Landschaft Argolis (Peloponnes) gegenüber der Insel Aigina (III 48)

Tubero Q. Aelius (um 130), Neffe des Scipio Aemilianus, Freund des Panaitios und Anhänger der Stoa, angesehener Jurist, Dialogpartner in De re publica (III 63)

Tusculani die Latinerstadt Tusculum (Adj.: **Tusculanus**) südöstlich von Rom erhielt i. J. 381 das eingeschränkte röm. Bürgerrecht (civitas sine suffragio), i. J. 322 besaß sie wohl das Vollbürgerrecht (I 21, 35)

Ulixes (Odysseus), myth. König von Ithaca (Ithake), der klügste, innerlich freieste Held des Trojanischen Krieges; die latein. Namensform erscheint schon in griech. Inschriften (I 113; III 97 ff.)

Veseris Küstenfluß in Kampanien zwischen dem Vesuv und Neapel (III 112)

Virtus (Areté), Personifikation der Tugend (I 118)

Volsci Volk im Gebiet des Flusses Liris im Süden Latiums; sie erhielten nach ihrer Unterwerfung zwischen 338 (Rückeroberung von Antium) und 303 das eingeschränkte, i. J. 188 das volle römische Bürgerrecht (I 35)

Voluptas Personifikation des Vergnügens, von ihren Freunden Glückseligkeit (Eudaimonia), von ihren Feinden Laster (Kakia) genannt (I 118)

Xanthippus (Xanthippos) aus Sparta, karthagischer Söldnerführer im 1. Punischen Krieg (264 – 241), besiegte i. J. 255 mit einem von ihm geschulten Heer die Römer und nahm den Konsul Regulus gefangen (III 99)

Xenocrates (Xenokrates) aus Chalkedon in Bithynien (396–314), Schüler und – als Leiter der Akademie – zweiter Nachfolger Platons, der ihn wegen seines allzu großen Ernstes oft ermahnt haben soll, den Grazien (Charites) zu opfern (I 109)

Xenophon aus Athen (um 430–355), Schüler des Sokrates, vielseitiger Schriftsteller. In der ‚Anabasis' schildert er aus eigenem Erleben den Feldzug griechischer Söldner des persischen Prinzen Kyros gegen den Großkönig; die ‚Hellenika' setzen das Geschichtswerk des Thukydides fort; in den ‚Apomnemoneumata' (Memorabilia Socratis, Erinnerungen an Sokrates) findet sich (II 1) die Erzählung von Herakles am Scheidewege (I 118; II 87)

Xerxes persischer Großkönig (486–465), Sohn und Nachfolger von Dareios I., dessen Strafexpedition gegen Athen er wiederaufnahm: ihm gelang die Zerstörung der Stadt, nicht aber die Eroberung Griechenlands (III 48)

Zeno (Zenon) aus Kition auf Zypern (um 332–252), gründete in Athen um 300 die Philosophenschule der Stoiker, nachdem er sich zunächst den Kynikern angeschlossen hatte. Erkenntnis ist für ihn die Zustimmung (synkatáthesis) der Vernunft (lógos) zu einer Vorstellung (phantasía). Der eine, kugelförmige Kosmos wird vom Weltlogos – feinster, feuriger Materie – beseelt. Ziel des Menschen ist ein Leben in Übereinstimmung mit sich selbst und darum mit der Natur (III 35)

Literatur

a) Kritische und erklärende Ausgaben:

Heine, O.: M. Tullii Ciceronis de officiis ad Marcum filium libri tres, Berlin (Weidmann) ⁴1871

Müller, C. W. F.: M. Tulli Ciceronis de officiis libri III, Leipzig (Teubner) 1882

Holden, H. A.: M. Tulli Ciceronis de officiis libri tres, Cambridge 1899. Nachdruck Amsterdam/Leyden 1966

Testard, M.: Cicéron, Les Devoirs, Livre I, Paris 1965, Livres II et III, Paris 1970 (lat.-frz.)

Atzert, C.: M. Tullius Cicero, Fasc. 48, De officiis, Leipzig (Teubner) ⁵1971 (unveränderter Nachdruck von ⁴1963)

Schönberger, O.: M. Tullius Cicero, De officiis, Gesamtausgabe für die Kollegstufe, Bamberg ²1980

b) Fragmentsammlung:

van Straaten, M.: Panétius. Sa vie, ses écrits et sa doctrine avec une édition des fragments, Amsterdam/Leyden ²1962

c) Übersetzungen:

Kühner, R.: Marcus Tullius Ciceros Drei Bücher von den Pflichten, Berlin (Langenscheidt) o. J. (Nachdruck von ³1897)

Miller, W.: Cicero (XXI) De officiis, London/Cambridge, Mass. (Loeb Classical Library) 1913. Nachdruck 1975 (lat.-engl.)

Atzert, K.: Cicero, Vom pflichtgemäßen Handeln, Limburg 1951, München 1959

Büchner, K.: Cicero, Vom rechten Handeln, Zürich/Stuttgart 1953, dazu Atzert, K., Gymnasium 62, 1955, 387–390

Büchner, K.: Cicero, Vom rechten Handeln, Zürich/Stuttgart ³1965 (lat.-dt.)

Gunermann, H.: Cicero, Vom pflichtgemäßen Handeln, Stuttgart (Reclam) 1976 (lat.-dt.)

d) Sekundärliteratur:

Abel, K.: Die kulturelle Mission des Panaitios, Antike und Abendland 17, 1971, 119–143

Bärthlein, K.: Zur Lehre von der „recta ratio" in der Geschichte der Ethik von der Stoa bis Christian Wolff, Kant-Studien 56, 1965/66, 125–155

Balmer, H. P.: Philosophie der menschlichen Dinge. Die europäische Moralistik, Bern 1981

Bernert, E.: De vi atque usu vocabuli officii, Diss. Breslau 1930
Bernert, E.: ‚Otium‘, Würzburger Jahrbücher für die Altertumswissenschaft 4, 1949/50, 89–99
Bloch, E.: Naturrecht und menschliche Würde, Frankfurt 1961
Boyancé, P.: Cum dignitate otium, übers. von Raabe, G. in: Das Staatsdenken der Römer = Wege der Forschung 46, Darmstadt 1966, 348–374
Boyancé, P.: Études sur l'humanisme cicéronien, Bruxelles 1970
Bringmann, K.: Untersuchungen zum späten Cicero = Hypomnemata 29, Göttingen 1971, 72–110 und 229–250
Brink, C. O.: Οἰκείωσις und οἰκειότης. Theophrastus and Zeno on Nature in Moral Theory, Phronesis 1, 1956, 123–145
Broemser, F.: Die sinnvoll geordnete Welt. Zu Cicero, De officiis I 157, Anregung 13, 1967, 240–244
Brüser, W. J.: Der Textzustand von Ciceros Büchern de officiis, Diss. Köln 1949 (maschinenschr. vervielf. 1951)
Büchner, K. – Gelzer, M. – Kroll, W. – Philippson, R.: M. Tullius Cicero, RE VII A 1, 1939, 827ff., auch als Einzeldruck, Stuttgart o. J.
Büchner, K.: Studien zur römischen Literatur II: Cicero, Wiesbaden 1962
Büchner, K.: Cicero M. Tullius, in: Der Kleine Pauly, Bd. 1, 1964, 1174ff.
Büchner, K.: Cicero. Bestand und Wandel seiner geistigen Welt, Heidelberg 1964 (bes. 431–443), dazu Leeman, A. D., Gymnasium 73, 1966, 315–317
Büchner, K.: Altrömische und Horazische virtus, in: Römische Wertbegriffe = Wege der Forschung 34, Darmstadt 1967, 376–401
Büchner, K. (Hrsg.): Das neue Cicerobild = Wege der Forschung 27, Darmstadt 1971 (bes. VII–XXV, 417–445)
Büchner, K.: Studien zur römischen Literatur IX: Römische Prosa, Wiesbaden 1978, 111–127
Burck, E.: Vom Sinn des Otium im alten Rom, in: Römische Wertbegriffe = Wege der Forschung 34, Darmstadt 1967, 503–515
Burkert, W.: Cicero als Platoniker und Skeptiker, Gymnasium 72, 1965, 175–200
Capelle, W.: Griechische Ethik und römischer Imperialismus, Klio 25, 1932, 86–113
Capelle, W.: Geschichte der Philosophie IV: Die griechische Philosophie. Vierter Teil: Von der Alten Stoa bis zum Eklektizismus im 1. Jahrhundert v. Chr. = Slg. Göschen 863, Berlin ²1954
Carter, J. M.: Cicero: Politics and Philosophy, in: Cicero and Vergil, Studies in Honour of Harold Hunt, Amsterdam 1972, 107–143

Cauer, P.: Ciceros politisches Denken, Berlin 1903
Dahlmann, H.: Cicero, Caesar und der Untergang der libera res publica, Gymnasium 75, 1968, 337ff.
Dieter, H.: Ciceros Werk ‚De officiis', eine ideologische Tendenzschrift, Diss. Potsdam 1960 (maschinenschr.)
Dieter, H.: Der iustitia-Begriff Ciceros, Eirene 7, 1968, 33–48
Dirlmeier, F.: Die Oikeiosis-Lehre Theophrasts, Philologus Suppl. 30,1, 1937
Drexler, H.: Die Entdeckung des Individuums, Salzburg 1966
Drexler, H.: Honos, in: Römische Wertbegriffe = Wege der Forschung 34, Darmstadt 1967, 446–467
Elorduy, E.: Die Sozialphilosophie der Stoa, Philologus Suppl. 28,3, 1936
Forschner, M.: Die stoische Ethik, Stuttgart 1981
Frank, H.: Ratio bei Cicero (Diss. Düsseldorf), Frankfurt am Main 1992
Fuchs, H.: Ciceros Hingabe an die Philosophie, in: Büchner, Das neue Cicerobild, 304–347
Fuhrmann, M.: Cum dignitate otium. Politisches Programm und Staatstheorie bei Cicero, Gymnasium 67, 1960, 481–500; auch in: Ideologie und Herrschaft in der Antike = Wege der Forschung 528, Darmstadt 1979, 238–270
Fuhrmann, M.: Brechungen: wirkungsgeschichtliche Studien zur antikeuropäischen Bildungstradition, Stuttgart 1982, 9–20 (Antike Ethik) und 21–46 (Persona, ein römischer Rollenbegriff)
Gadamer, H.-G.: Über die Möglichkeit einer philosophischen Ethik, Sein und Ethos, Walberberger Studien I, Mainz 1963, 11–24
Gärtner, H.-A.: Cicero und Panaitios. Beobachtungen zu Ciceros De officiis = Sitzungsber. der Heidelberger Akad. d. Wiss., phil.-hist. Klasse, 1974, 5, Heidelberg 1974
Gelzer, M.: Cicero. Ein biographischer Versuch, Wiesbaden 1969
Gelzer, M.: Cicero und Caesar = Sitzungsber. d. Wissenschaftl. Gesellschaft Frankfurt/M., Bd. 7,1, Wiesbaden 1968
Geyer, C. F.: Einführung in die Philosophie der Antike, Darmstadt 1978 (bes. 108–117 Die Idee der humanitas)
Giebel, M.: Marcus Tullius Cicero in Selbstzeugnissen und Bilddokumenten = rowohlts monographien 261, Reinbek 1977
Gigon, O.: Bemerkungen zu Ciceros De officiis, in: Steinmetz, P. (Hrsg.): Politeia und Res publica = Palingenesia 4, Wiesbaden 1969
Gigon, O.: Die antike Philosophie als Maßstab und Realität, Zürich/München 1977
Glücklich, H.-J.: Ciceros ‚De officiis' im Unterricht, Der altsprachliche Unterricht XXI 2, 1978, 20–44

Glücklich, H.-J.: Arbeitsweisen und Organisationsformen im lateinischen Lektüreunterricht der Sekundarstufe II, Der altsprachliche Unterricht XXII 2, 1979, 36–42

Glücklich, H.-J.: Redekunst – Lebenskunst = CONSILIA Heft 2, 37–42 (Cicero, de officiis I 132b–137), Göttingen 1980

Glücklich, H.-J. / Müller, H.-J.: Ciceros Wertung der Berufe (De officiis I 150–151), Alte Sprachen in Rheinland-Pfalz und im Saarland (Informationen der Landesverbände Rheinland-Pfalz und Saarland im Deutschen Altphilologenverband) XXVIII 1, 1982, 2–8

Görler, W.: Untersuchungen zu Ciceros Philosophie, Heidelberg 1974, dazu Hartung, H., Gymnasium 83, 1976, 140–143

Görler, W.: Das Problem der Ableitung ethischer Normen bei Cicero, Der altsprachliche Unterricht XXI 2, 1978, 5–19

Goldbacher, A.: Zur Kritik von Ciceros Schrift de officiis I (Über den unfertigen Zustand derselben), Sitzungsber. der Akad. d. Wiss. in Wien, phil.-hist. Klasse 196, 3, Wien 1921

Goldbacher, A.: Zur Kritik von Ciceros Schrift de officiis II (Beiträge zur Textkritik und Erklärung), Sitzungsber. der Akad. d. Wiss. in Wien, phil.-hist. Klasse 196, 4, Wien 1922

Graff, J.: Ciceros Selbstauffassung, Heidelberg 1963, dazu Weische, A., Gymnasium 71, 1964, 472f.

Grimal, P.: Cicero. Philosoph – Politiker – Rhetor, München 1988

Grumach, E.: Physis und Agathon in der alten Stoa = Problemata 6, Berlin 1932, ²1966

Haake, A.: Die Gesellschaftslehre der Stoiker, Programm Treptow 1887

Habicht, Ch.: Cicero der Politiker, München 1990

Hampl, F.: „Stoische Staatsethik" und frühes Rom, in: Das Staatsdenken der Römer = Wege der Forschung 46, Darmstadt 1966, 116–142

Harder, R.: Die Einbürgerung der Philosophie in Rom, in: Büchner, Das neue Cicerobild, 10–37

Harrer, G. A.: Cicero on peace and war, The Classical Journal XIV 1918, 26–38

Heilmann, W.: Ethische Reflexion und römische Lebenswirklichkeit in Ciceros Schrift De officiis, Wiesbaden 1982

Heinze, R.: Fides, in: Vom Geist des Römertums, Darmstadt ³1960, 59–81

Hiltbrunner, O.: Die Schrift „De officiis ministrorum" des hl. Ambrosius und ihr ciceronisches Vorbild, Gymnasium 71, 1964, 174–189

Hirzel, R.: Untersuchungen zu Ciceros philosophischen Schriften II, Leipzig 1882. Nachdruck Hildesheim 1964

Höffe, O. (Hrsg.): Lexikon der Ethik = Beck'sche Schwarze Reihe 152, ²München 1980

Ibscher, G.: Der Begriff des Sittlichen in der Pflichtenlehre des Panaitios, Diss. München 1934

Ilting, K.-H.: Antike und moderne Ethik. Zur Lektüre ciceronischer Texte im Lateinunterricht in der Sekundarstufe II, Gymnasium 84, 1977, 149–167

Johann, H.-Th.: Gerechtigkeit und Nutzen. Studien zur ciceronischen und hellenistischen Naturrechts- und Staatslehre, Heidelberg 1981, dazu Polaček, A., Gymnasium 90, 1983, 310–312

Jungblut, H.: Die Arbeitsweise Ciceros im ersten Buche über die Pflichten, Programm Frankfurt a. M. 1907

Jungblut, H.: Cicero und Panätius im zweiten Buche über die Pflichten, Programm Frankfurt a. M. 1910

Kaerst, J.: Scipio Aemilianus, die Stoa und der Prinzipat, Neue Jahrbücher für Wissenschaft und Jugendbildung 5, 1929, 653–675

Keßler, E.: Autobiographie als philosophisches Argument? Ein Aspekt des Philosophierens bei Cicero und die gegenwärtige Praxis der Philosophie, in: Studia Humanitatis, München 1973, 173–187

Kilb, G.: Ethische Grundbegriffe der alten Stoa und ihre Übertragung durch Cicero, in: Büchner, Das neue Cicerobild, 38–64

Klein, R. (Hrsg.): Das Staatsdenken der Römer = Wege der Forschung 46, Darmstadt 1966

Klingner, F.: Römische Geisteswelt, München ^{5}1965 (hrsg. von Büchner). Nachdruck Stuttgart 1979

Klinz, A.: Cicero: De officiis III 1 – Kurzinterpretation, Anregung 8, 1962, 21–23

Klinz, A.: Zwei Kurzinterpretationen zu Cicero: De re publica I 51f. und De officiis I 85–88, Anregung 11, 1965, 13–15

Kloesel, H.: Libertas, Diss. Breslau 1935, nachgedruckt in: Römische Wertbegriffe = Wege der Forschung 34, Darmstadt 1967, 120–172

Klohe, P.: De Ciceronis librorum de officiis fontibus, Diss. Greifswald 1889.

Klose, F.: Honor und honestum, Diss. Breslau 1933

Knoche, U.: Der römische Ruhmesgedanke, Philologus 89, 1934, 102ff., nachgedruckt in: Römische Wertbegriffe = Wege der Forschung 34, Darmstadt 1967, 420–445

Knoche, U.: Magnitudo animi. Untersuchungen zur Entstehung und Entwicklung eines römischen Wertgedankens, Philologus Suppl. 27, 3, 1935

Knoche, U.: Cicero: Ein Mittler griechischer Geisteskultur, Hermes 87, 1959, 57–74, nachgedruckt in: Römische Philosophie = Wege der Forschung 193, Darmstadt 1976, 118–141

Knoche, U.: Die geistige Vorbereitung der augusteischen Epoche durch Cicero, in: Das Staatsdenken der Römer = Wege der Forschung 46, Darmstadt 1966, 405–426
Krämer, H.-J.: Platonismus und hellenistische Philosophie, Berlin/New York 1971
Krefeld, H.: Impulse für die lateinische Lektüre (Von Terenz bis Thomas Morus), Frankfurt 1979
Kretschmar, M.: Otium, studia litterarum, Philosophie und βίος θεωρητικός im Leben und Denken Ciceros, Diss. Leipzig 1938
Kroll, W.: Die Privatwirtschaft in der Zeit Ciceros, Neue Jahrbücher für Wissenschaft und Jugendbildung 5, 1929, 417–431
Kumaniecki, K.: Ciceros Paradoxa Stoicorum und die römische Wirklichkeit, Philologus 101, 1957, 113ff.
Kumaniecki, K.: Cicero, Mensch – Politiker – Schriftsteller, in: Büchner, Das neue Cicerobild, 348–370
Kytzler, B. (Hrsg.): Ciceros literarische Leistung = Wege der Forschung 240, Darmstadt 1973
Labowsky, L.: Die Ethik des Panaitios. Untersuchungen zur Geschichte des Decorum bei Cicero und Horaz, Leipzig 1934
Landmann, M.: Philosophische Anthropologie. Menschliche Selbstdeutung in Geschichte und Gegenwart = Slg. Göschen 156/156a, Berlin ³1969
Landmann, M.: De Homine, Freiburg/München 1962
Lanig, K.: Lateinische Autoren als Vermittler griechischen Geistes, Gymnasium 71, 1964, 277–294
Leggewie, O. (Hrsg.): Die Welt der Römer, Münster ⁶1991, siehe insbesondere Seite 83ff. und 148ff.
Leggewie, O.: Clementia Caesaris, Gymnasium 65, 1958, 17ff.
Leretz, H. u. a.: Cicero als Philosoph. Lektüreprojekte für die Oberstufe, Bamberg 1992
Liebers, G.: Virtus bei Cicero, Diss. Leipzig 1944, Dresden 1942
Lisçu, M. O.: Étude sur la langue de la philosophie morale chez Cicéron, Paris 1930
Lossmann, F.: Verecundia, in: Römische Wertbegriffe = Wege der Forschung 34, 1967, 330–369
Mackie, J. L.: Ethik. Auf der Suche nach dem Richtigen und Falschen (übers. von Ginters, R.), Stuttgart (Reclam) 1981
Mancal, J.: Untersuchungen zum Begriff der Philosophie bei M. Tullius Cicero, München 1982
Maurach, G. (Hrsg.): Römische Philosophie = Wege der Forschung 193, Darmstadt 1976

Mayer-Maly, Th.: Gemeinwohl und Naturrecht bei Cicero, in: Büchner, Das neue Cicerobild, 371–387

Meier, Ch.: Res Publica Amissa, Wiesbaden 1966, 1980

Meier, Ch.: Die Ohnmacht des allmächtigen Dictators Caesar, Frankfurt 1980, darin (101ff.): Cicero. Das erfolgreiche Scheitern des Neulings in der alten Republik

Müller, A.: Die akademische Skepsis (im Rahmen der hellenistischen Philosophie), in: Ders. (Hrsg.): Die Welt der Hellenen, Münster ⁴1995, Seite 173-176

Müller, A.: Theorie, Kritik oder Bildung? Abriß der Geschichte der antiken Philosophie von Thales bis Cicero = Impulse der Forschung 19, Darmstadt 1975 (bes. 122-132)

Müller, A. (Hrsg.): Ethik als philosophische Theorie des Handelns = Aschendorffs philosophische Textreihe Kurs 5, Münster ³1981, Kommentar 1978

Müller, R.: Die Wertung der Bildungsdisziplinen bei Cicero, Klio 43–45, 1965, 140–162, teilabgedruckt in: Menschenbild und Humanismus der Antike, Leipzig (Reclam) 1980, 202–234

Nebel, G.: Der Begriff des ΚΑΘΗΚΟΝ in der alten Stoa, Hermes 70, 1935, 439–460

Nebel, G.: Zur Ethik des Poseidonios, Hermes 74, 1939, 34–57

Nörr, D.: Rechtskritik in der römischen Antike = Bayer. Akad. d. Wiss., phil.-hist. Klasse, Abhandlungen, Neue Folge H. 77, München 1974

Oppermann, H. (Hrsg.): Römische Wertbegriffe = Wege der Forschung 34, Darmstadt 1967

Pahnke, E.: Studien über Ciceros Kenntnis und Benutzung des Aristoteles, Diss. Freiburg 1962

Patzig, G.: Ethik ohne Metaphysik, Göttingen 1971

Patzig, G.: Cicero als Philosoph, am Beispiel der Schrift „De finibus", Gymnasium 86, 1979, 304–322

Perlich, D.: Otium oder accedere ad rem publicam. Das Problem der politischen Betätigung bei Cicero, Der altsprachliche Unterricht XIII 1, 1970, 5–16

Pfligersdorffer, G.: Politik und Muße, München 1969

Philippson, R.: Das Sittlichschöne bei Panaitios, Philologus 85, 1930, 357–413

Picht, G.: Die Grundlagen der Ethik des Panaitios, Diss. Freiburg 1943 (maschinenschr.)

Plasberg, O.: Cicero in seinen Werken und Briefen, Leipzig 1926. Nachdruck Darmstadt 1962

Pöschl, V.: Römischer Staat und griechisches Staatsdenken bei Cicero, Berlin 1936. Nachdruck Darmstadt 1983

Pohlenz, M.: Antikes Führertum. Ciceros De officiis und das Lebensideal des Panaitios, Leipzig/Berlin 1934. Nachdruck Amsterdam 1967
Pohlenz, M.: Τὸ πρέπον. Ein Beitrag zur Geschichte des griechischen Geistes, Nachrichten von der Akad. d. Wiss. zu Göttingen, phil.-hist. Klasse 1933, 53–92, nachgedruckt in: Kleine Schriften, Hildesheim 1965, I 100–139
Pohlenz, M.: Cicero de officiis III, Nachrichten von der Ges. d. Wiss. zu Göttingen, phil.-hist. Klasse, Neue Folge, Fachgruppe I (Altertumswissenschaft), 1. Band 1934–1936, Göttingen 1936, 1–39, nachgedruckt in: Kleine Schriften, Hildesheim 1965, I 253–291
Pohlenz, M.: Panaitios, RE XVIII 3, 1949, 418–440
Pohlenz, M.: Die Stoa. Geschichte einer geistigen Bewegung. Band I Göttingen [5]1978, Band II Göttingen [5]1980
Preisker, H.: Mensch und Schicksal in der römischen Stoa und im Neuen Testament, Forschungen und Fortschritte 1949, 274ff.
Reiner, H.: Die philosophische Ethik, Heidelberg 1964
Reiner, H.: Der Streit um die stoische Ethik, Zeitschr. f. philos. Forschung 21, 1967, 261–281
Reiner, H.: Die ethische Weisheit der Stoiker heute, Gymnasium 76, 1969, 330–357
Rieth, O.: Grundbegriffe der stoischen Ethik = Problemata 9, Berlin 1933
Rist, J. M.: Stoic Philosophy, Cambridge 1969
Römisch, E.: Die Entscheidungssituation. Ein Themenkreis im altsprachl. Unterricht, Anregung 13, 1967, 97–106
Rudberg, G.: Ein Cicero-Konzept (zu de officiis I), Symbolae Osloenses 1930, Fasc. IX, 1–27
Schäfer, M.: Ein frühmittelstoisches System der Ethik bei Cicero. Untersuchungen zu Ciceros Buch de finibus bonorum et malorum, Diss. München 1934
Schäfer, M.: Panaitios bei Cicero und Gellius, Gymnasium 62, 1955, 334–353
Schmekel, A.: Die Philosophie der mittleren Stoa, Berlin 1892. Nachdruck Hildesheim 1965.
Schmidt, H.: Philosophisches Wörterbuch, Stuttgart (Kröner) [20]1978
Schmidt, P. L.: Cicero und die römische Kunstprosa, in: Fuhrmann, Römische Literatur, 147–179
Schneider, J.: Untersuchungen über das Verhältnis von humanitas zu Recht und Gerechtigkeit bei Cicero, Diss. Freiburg 1964
Schoeck, G.: Zeitgenosse Cicero. Ein Lebensbild aus zeitgenössischen Quellen, Zürich/München 1977

Schottlaender, R.: Römisches Gesellschaftsdenken. Die Zivilisierung einer Nation in der Sicht ihrer Schriftsteller, Weimar 1969

Schrey, H.-H.: Einführung in die Ethik, Darmstadt 1972, ²1977

Schulte, H. K.: Orator. Untersuchungen über das ciceronianische Bildungsideal, Frankfurt 1935

Schulz, F.: Prinzipien des römischen Rechts, München 1934

Schwartz, E.: Charakterköpfe aus der Antike (3. Auflage der Neuausgabe), Leipzig 1950

Seel, O.: Cicero. Wort – Staat – Welt, Stuttgart 1953, ³1967

Seel, O.: Cicero und das Problem des römischen Philosophierens, in: Radke, G. (Hrsg.): Cicero, ein Mensch seiner Zeit, Berlin 1968, 136ff.

Spaemann, R.: Die Aktualität des Naturrechts, in: Philosophische Essays, Stuttgart (Reclam) 1983, 60–79

Sprey, K.: De M. T. Ciceronis politica doctrina, Diss. Amsterdam 1928, Zutphen o. J.

Steinmetz, F. A.: Die Freundschaftslehre des Panaitios, Palingenesia 3, Wiesbaden 1967

Steinmetz, F. A.: Staatengründung – aus Schwäche oder natürlichem Geselligkeitsdrang? Zur Geschichte einer Theorie, in: Politeia und Res Publica = Palingenesia 4, Wiesbaden 1969, 181–199

Steinmeyer, H.: Der virtus-Begriff bei Cicero und Seneca, Der altsprachliche Unterricht XVII 2, 1974, 50–59

Stelzenberger, J.: Die Beziehungen der frühchristlichen Sittenlehre zur Ethik der Stoa, 1933

Strasburger, H.: Concordia ordinum, eine Untersuchung zur Politik Ciceros, Diss. Frankfurt 1931

Strasburger, H.: novus homo, RE XVII 1223ff.

Stroux, J.: Summum ius summa iniuria, Leipzig/Berlin 1926, abgedruckt in: Römische Rechtswissenschaft und Rhetorik, Potsdam 1949

Süß, W.: Cicero. Eine Einführung in seine philosophischen Schriften = Abh. Akad. Mainz, geistes- u. sozialwiss. Klasse 1965, 5, Wiesbaden 1966 (bes. 143–161)

Thomas, K. B.: Textkritische Untersuchungen zu Ciceros Schrift De officiis = Orbis antiquus 26, Münster 1971

Thurmair, M.: Das decorum als zentraler Begriff in Ciceros Schrift De officiis, in: Studia Humanitatis, München 1973, 63–78

Tsekourakis, D.: Studies in the Terminology of Early Stoic Ethics, Hermes Einzelschriften Heft 32, Wiesbaden 1974

Villey, M.: Rückkehr zur Rechtsphilosophie, in: Büchner, Das neue Cicerobild, Darmstadt 1971, 259–303

Vogt, J.: Ciceros Glaube an Rom, Darmstadt ²1963

Vogt, J.: Von der Ethik zur Ethologie, Gymnasium 82, 1975, 331–338

Volkmann, H.: Griechische Rhetorik oder römische Politik? Bemerkungen zum römischen „Imperialismus", in: Das Staatsdenken der Römer = Wege der Forschung 46, Darmstadt 1966, 87–103

Weische, A.: Studien zur politischen Sprache der römischen Republik = Orbis antiquus 24, Münster ²1975

Wendland, H.-D. / Strohm, Th. (Hrsg.): Politik und Ethik = Wege der Forschung 139, Darmstadt 1969

Wicha, B.: Der Mensch im Staat bei Cicero, Diss. Salzburg 1960

v. Wilamowitz-Moellendorf, U.: Panaitios, in: Reden und Vorträge, Band II, Berlin ⁴1926, 190–215

Wirszubski, Ch.: Noch einmal: Ciceros Cum dignitate otium, in: Das Staatsdenken der Römer = Wege der Forschung 46, Darmstadt 1966, 375–404

Wirszubski, Ch.: Libertas als politische Idee im Rom der späten Republik und des frühen Prinzipats, Darmstadt 1967

Wood, N.: Cicero's Social and Political Thought; Berkeley/Los Angeles/ London 1988

Zielinski, Th.: Cicero im Wandel der Jahrhunderte, Darmstadt ⁶1973